全国"七五"普法教育培训教材

双色
图解版

图解 TUJIE　　滕双春◎编著

青少年法律知识

QINGSHAONIAN FALV ZHISHI

法

12·4

红旗出版社

红旗出版社
RED FLAG PRESS
推动进步的力量

图书在版编目（CIP）数据

图解青少年法律知识 / 滕双春编著 . — 北京：红
旗出版社，2016.9
ISBN 978-7-5051-3875-9

Ⅰ．①图… Ⅱ．①滕… Ⅲ．①法律—中国—青少年读
物 Ⅳ．① D92-49

中国版本图书馆 CIP 数据核字（2016）第 220786 号

书　　名	图解青少年法律知识		
编　　著	滕双春		
出 品 人	高海浩	责任编辑	于鹏飞
总 监 制	李仁国	封面设计	华文图治
出版发行	红旗出版社	地　　址	北京市沙滩北街 2 号
邮政编码	100727	编 辑 部	010-64031972
E-mail	hongqi1608@126.com		
发 行 部	010-64024637		
印　　刷	北京盛兰兄弟印刷装订有限公司		
开　　本	710毫米×1000毫米　　1/16		
字　　数	150千字	印　　张	9
版　　次	2016年9月北京第1版	2016年9月北京第1次印刷	
ISBN 978-7-5051-3875-9		定　　价	20.00元

欢迎品牌畅销图书项目合作　　联系电话：010-84026619
凡购本书，如有缺页、倒页、脱页，本社发行部负责调换。

目 录

第一章　青少年宪法知识 ………………………………………… 1

　第一节　国家基本制度 ………………………………………… 3
　　● 典型案例：侮辱国旗会受到何种处罚？ ………………… 11
　第二节　青少年的宪法权利 …………………………………… 12
　　● 典型案例：教师私拆学生信件是否违法？ ……………… 19
　第三节　青少年的宪法义务 …………………………………… 20
　　● 典型案例：95后青年拒服兵役，被禁止出国、升学、工作数年… 23

第二章　青少年家庭生活法律知识 …………………………… 25

　第一节　家庭抚养法律知识 …………………………………… 26
　　● 典型案例：青少年遭遇家庭暴力如何解决？ …………… 32
　第二节　与青少年相关的婚姻法律知识 ……………………… 33
　　● 典型案例：离婚后，探视权受到限制如何处理？ ……… 38
　第三节　继承与收养法律知识 ………………………………… 40
　　● 典型案例：养子可否继承遗产？ ………………………… 47

第三章　青少年校园生活法律知识 …………………………… 49

　第一节　青少年教育法律知识 ………………………………… 50
　　● 典型案例：受教育权不可剥夺 …………………………… 55
　第二节　师生关系法律知识 …………………………………… 56
　　● 典型案例：教师体罚学生被判决赔偿 …………………… 60
　第三节　校园安全保护法律规定 ……………………………… 61
　　● 典型案例：放假期间学生在学校发生危险事故，学校也要负责 … 65

第四章　青少年社会生活法律知识 ·········· 67

第一节　青少年的人身权保护 ·········· 68
　● 典型案例：父母晒娃照片，侵犯隐私权 ·········· 71
第二节　青少年的劳动权保护 ·········· 73
　● 典型案例：未成年人打工患职业病获得赔偿 ·········· 77
第三节　青少年保险法律知识 ·········· 79
　● 典型案例：少年在学校大扫除摔断腰，保险公司应理赔 ·········· 82

第五章　青少年旅游、出行与消费法律知识 ·········· 83

第一节　交通出行法律知识 ·········· 84
　● 典型案例：横穿马路引发的交通事故 ·········· 90
第二节　消费法律知识 ·········· 91
　● 典型案例：未成年人应该理性消费 ·········· 94
第三节　旅游法律知识 ·········· 95
　● 典型案例：未成年人参团旅游旅行社需承担监护责任 ·········· 100

第六章　青少年违法与犯罪法律知识 ·········· 101

第一节　遵守治安管理和抵制不良行为 ·········· 102
　● 典型案例：青少年不良行为应得到矫正 ·········· 107
第二节　青少年刑法犯罪的基本概念 ·········· 108
　● 典型案例：珍爱生命　远离毒品 ·········· 111
第三节　青少年的司法保护 ·········· 112
　● 典型案例：对未成年犯的教育、感化与挽救 ·········· 119

附　录　最受青少年关注的法律法条 ·········· 121

中华人民共和国未成年人保护法（节选） ·········· 122
中华人民共和国预防未成年人犯罪法（节选） ·········· 125
中华人民共和国义务教育法（节选） ·········· 128
中华人民共和国道路交通安全法（节选） ·········· 132
中华人民共和国国旗法 ·········· 135

第一章
青少年宪法知识

TUJIE
QINGSHAONIANFALV ZHISHI

权利平等

在我国的法律体系中，有很多不同的法律部门，比如宪法、刑法、民商法、诉讼法，它们各自调整着社会生活的不同领域，是社会主义法律体系的重要组成部分。在这些法律中，宪法是我们国家的根本大法，拥有最高的法律效力，任何法律制度都不得与宪法相抵触，他是我国进行依法治国的总章程。

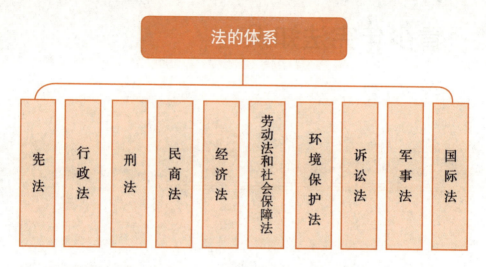

法的体系

宪法　行政法　刑法　民商法　经济法　劳动法和社会保障法　环境保护法　诉讼法　军事法　国际法

宪法作为国家根本大法，规定了国家的基本政治制度、经济制度，规定了国家机构的组成和权力配置，明确了公民的基本权利和义务，是公民参与社会生活的重要依据。

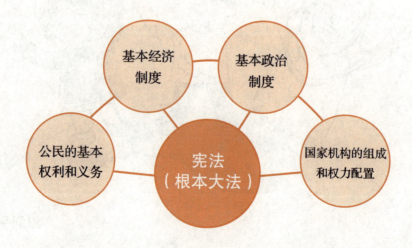

青少年是祖国的未来、民族的希望，建设社会主义法治国家，就要不断地培养青少年的法律意识和法律素养。宣传宪法知识是青少年普及法律知识的重要内容，是培养青少年法律意识的原始起点。认识宪法和学习宪法，树立宪法权威，养成日常生活中遵守宪法的良好习惯，是青少年法律教育的必备之课。

第一节　国家基本制度

■ 一、国家的政治制度

（一）国体

国体即国家性质，是国家阶级本质的体现。国体是由社会各阶级在国家中的地位反映出来的，是国家的根本属性。我国是工人阶级领导的、以工农联盟为基础的人民民主专政的社会主义国家。社会主义制度是我国的根本制度，人民民主专政是我国国家性质的具体体现。《宪法》序言规定："工人阶级领导的、以工农联盟为基础的人民民主专政，实质上即无产阶级专政。"工人阶级是领导阶级，坚持共产党对国家的领导是人民民主专政的根本标志。

中国共产党领导的多党合作和政治协商制度我国人民民主专政的主要特色。我国《宪法》序言规定："中国人民政治协商会议是有广泛代表性的统一战线组织，过去发挥了重要的历史作用，今后在国家政治生活、社会生活和对外友好活动中，在进行社会主义现代化建设、维护国家的统一和团结的斗争中，将进一步发挥它的重要作用。中国共产党领导的多党合作和政治协商制度将长期存在和发展。"

（二）政体

政体指的是政权组织形式，国家的政治、统治形态，即国家政治体系运作的形式。政体是与国体相适应的。我国《宪法》第二条规定："人民行使国家权力的机关是全国人民代表大会和地方各级人民代表大会"。《宪法》第三条规定："全国人民代表大会和地方各级人民代表大会都由民主选举产生，对人民负责，受人民监督。国家行政机关、审判机关、检察机关都由人民代表大会产生，对它负责，受它监督。"通过人民代表大会制度实现人民当家作主的政治归宿。

二、国家的基本经济制度

（一）社会主义公有制为主体，非公有制经济为重要组成部分

我国《宪法》第六条规定："中华人民共和国的社会主义经济制度的基础是生产资料的社会主义公有制，即全民所有制和劳动群众集体所有制。"《宪法》第七条规定："国有经济，即社会主义全民所有制经济，是国民经济中的主导力量。国家保障国有经济的巩固和发展。"

非公有制经济包括个体经济、私营经济和外商投资经济等。《宪法》第十一条规定："在法律规定范围内的个体经济、私营经济等非公有制经济，是社会主义市场经济的重要组成部分。"国家对非公有制经济采取鼓励、支持和引导的政策，健全各种法律制度，保护非公有制经济合法公平的竞争环境，并加强监管，发挥非公有制经济的重要作用，增加就业，促进国民经济发展。

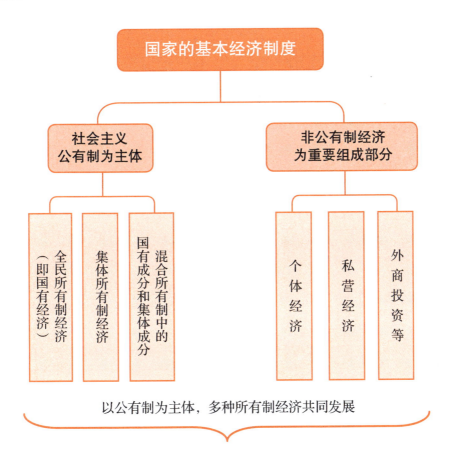

（二）按劳分配为主体，多种分配方式并存

我国《宪法》第六条规定："社会主义公有制消灭人剥削人的制度，实行各尽所能、按劳分配的原则"。国家在社会主义初级阶段，坚持按劳分配为主体、多种分配方式并存的分配制度。除按劳分配外，其他分配方式主要指按生产要素分配，包括资本、技术、信息等。

■ 三、选举制度

选举制度作为人民大会的基础，是一项非常重要的国家政治制度。我国《选举法》对选举全国人民代表大会代表及各级地方人民代表大会代表的原则、程序、方式、方法等进行了详细规定。

直接选举与间接选举

对比	直接选举	间接选举
基本含义	选民直接投票选举	下一级人大投票选举
适用范围	不设区的市、市辖区、县、自治县、乡、民族乡、镇的人大代表	全国、省、自治区、直辖市、设区的市自治州的人大代表
主持选举机构	设立的选举委员会	本级人大常委
提出代表候选人	各政党、各人民团体联名或单独推荐，选民10人以上联名推荐	各政党、各人民团体联名或单独推荐，代表10人以上联名推荐
差额选举的比例	多于应选代表名额的1/3~1倍	多于应选代表名额的1/5~1/2
投票选举	全体选民过半数参加投票选举有效，获得参加投票的选民的过半数选票始得当选	获得全体代表过半数选票始得当选
提出罢免的机关	（1）县级代表，原选区选民50人以上联名可罢免；（2）乡级代表，原选区选民30人以上联名可罢免	获得全体代表过半数选票始得当选
罢免的法定人数	原选区过半数选民通过	原选举单位过半数代表通过或该级人大常委会组成人员的过半数通过

1.选举普遍性原则。中华人民共和国年满十八周岁的公民，不分民族、种族、性别、职业、家庭出身、宗教信仰、教育程度、财产状况和居住期限，都有选举权和被选举权（但依法被剥夺政治权利的人除外）。

2.选举权平等。每一选民在一次选举中只有一个投票权。这是法律面前人人平等原则的体现。我国从实际情况出发，规定在城乡之间以及少数民族和汉族之间，每一代表所代表的人口有着不同比例，反映了民主权利的实质公平，是国家发展、民族团结的需要。

3. 直接选举与间接选举并用。《选举法》第二条规定："全国人民代表大会的代表，省、自治区、直辖市、设区的市、自治州的人民代表大会的代表，由下一级人民代表大会选举。不设区的市、市辖区、县、自治县、乡、民族乡、镇的人民代表大会的代表，由选民直接选举。"

■ 四、国家行政区划及民族区域自治制度

中华人民共和国的行政区域划分如下：全国分为省、自治区、直辖市；省、自治区分为自治州、县、自治县、市；县、自治县分为乡、民族乡、镇。直辖市和较大的市分为区、县。自治州分为县、自治县、市。自治区、自治州、自治县都是民族自治地方。

我国历来重视少数民族的保护和发展。民族区域自治是在国家统一领导下，以少数民族聚居地区为基础，

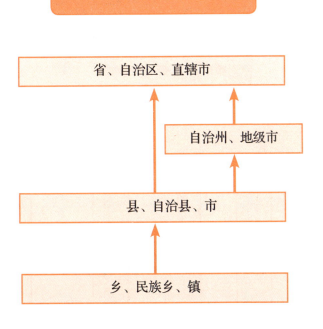

建立自治机关，行使少数民族自治权，自主管理本民族事务，实现当家作主。这是我国的基本政治制度，是建设中国特色社会主义的重要内容。

五、基层群众自治制度

基层群众自治制度，主要包括居民委员会和村民委员会制度。我国《宪法》第一百一十一条规定："城市和农村按居民居住地区设立的居民委员会或者村民委员会是基层群众性自治组织。居民委员会、村民委员会的主任、副主任和委员由居民选举。居民委员会、村民委员会同基层政权的相互关系由法律规定。

居民委员会、村民委员会设人民调解、治安保卫、公共卫生等委员会，办理本居住地区的公共事务和公益事业，调解民间纠纷，协助维护社会治安，并且向人民政府反映群众的意见、要求和提出建议。"

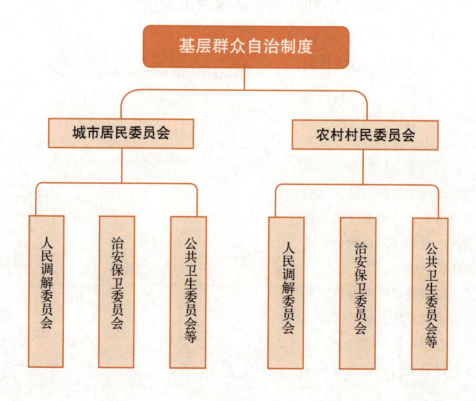

■ 六、国家机构

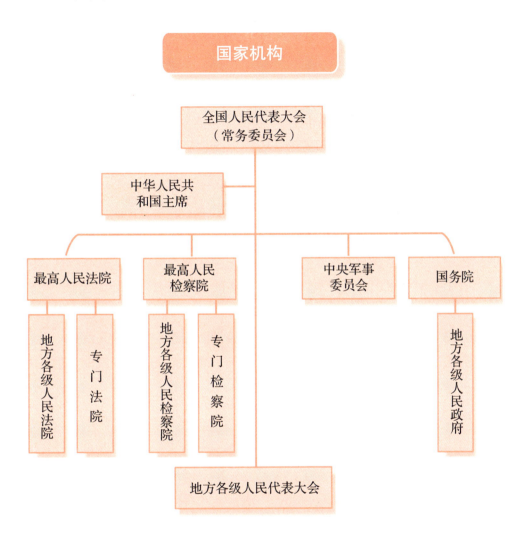

　　国家机构是一定社会的统治阶级为实现其统治职能而建立起来的进行国家管理和执行统治职能的国家机关的总和。我国的国家机构包括：全国人民代表大会；中华人民共和国主席；中华人民共和国国务院；中华人民共和国中央军事委员会；地方各级人民代表大会和地方各级人民政府；民族自治地方的自治机关；人民法院和人民检察院。

■ 七、国家象征及国家宪法日

（一）国旗、国徽、国歌、首都

中华人民共和国国旗是五星红旗。

中华人民共和国国歌是《义勇军进行曲》。

中华人民共和国国徽，中间是五星照耀下的天安门，周围是谷穗和齿轮。

中华人民共和国首都是北京。

（二）国家宪法日

2014年11月1日，十二届全国人民代表大会常务委员会第十一次会议通过决定，设立国家宪法日为12月4日。宪法是国家的根本大法。《宪法》序言明确规定："全国各族人民、一切国家机关和武装力量、各政党和各社会团体、各企业事业组织，都必须以宪法为根本的活动准则，并且负有维护宪法尊严、保证宪法实施的职责。"因此，依法治国，首先必须严格遵守和执行宪法，树立和维护宪法的权威，保证宪法的贯彻实施，做到依宪治国。设立国家宪法日，要求全国上下都形成尊重宪法、维护宪法的社会氛围，重塑宪法精神的至高地位。

（三）宪法宣誓制度

2015年7月1日全国人大常委会表决通过实行宪法宣誓制度的决定，誓词共70字："我宣誓：忠于中华人民共和国宪法，维护宪法权威，履行法定职责，忠于祖国，忠于人民，恪尽职守、廉洁奉公，接受人民监督，为建设富强、民主、文明、和谐的社会主义国家努力奋斗！"

全国人民代表大会及县级以上各级人民代表大会常务委员会选举或者决定任命的国家工作人员，以及各级人民政府、人民法院、人民检察院任命的国家工作人员，在就职时应当公开进行宪法宣誓。

典型案例

侮辱国旗会受到何种处罚？

2008年11月下旬，被告人张某和文某一同来到烈士墓红岩魂广场，各拿四枚装有黑色油漆的鸡蛋投到广场台阶处的国旗、党旗等旗帜上，将旗帜玷污后，从事先选好的路线逃离现场。当晚，群众发现国旗等旗帜被玷污后报警。公安机关经过侦查，于2008年12将被告人张某、文某抓获，最后经法院审判，依照我国相关法律，确认两名被告人犯侮辱国旗罪，判处有期徒刑三年。

案例评析

中华人民共和国国旗代表着全体中华民族，是国家尊严的象征，尤其是展示在革命烈士纪念馆等特定地点的国旗、党旗，更是承载着全体中国人民对于革命先烈的思念和对国家的尊重。被告人向国旗、党旗等旗帜扔灌有黑漆的鸡蛋的行为，侮辱了国家尊严，在社会上造成广泛的负面影响，严重地伤害了广大人民群众的感情，其社会影响极其恶劣，故以侮辱国旗罪处罚。

青少年朋友要注意：国旗是一个国家的象征，要尊重和爱护国旗。日常生活中，升降国旗是对青少年进行爱国主义教育的一种方式。升旗时，全体学生应整齐排列，面向国旗，肃立致敬。要衣着整洁，系好衣扣、裤扣，脱帽，少先队员应戴好红领巾，面向旗杆方向立正站好。当奏国歌、五星红旗冉冉升起时，面对国旗行队礼或注目礼，直到国旗升至杆顶。

第二节　青少年的宪法权利

公民，是指具有一个国家国籍，并根据宪法和法律规定享有基本权利、履行基本义务的自然人。青少年是我国公民的重要组成部分，同样拥有宪法所规定的公民权利，需要履行宪法所规定的基本义务。

我国《宪法》规定国家尊重和保障人权，明确表达了我国重视人权并保护人权的立场。我国《宪法》规定的公民的基本权利主要包括：

■ 一、平等权

我国《宪法》第三十三条规定："中华人民共和国公民在法律面前一律平等。"平等权既是我国公民的一项基本权利，也是社会主义法治建设的一个基本原则。平等权要求凡是我国公民，都平等地享有宪法和法律规定的各项权利，同时也要平等地履行宪法和法律规定的各项义务；任何公民的合法行为都平等地受到法律保护，违法犯罪行为也都平等地受到法律的追究和制裁；任何公民都不得有超越宪法和法律的特权。

平等就是要消除一切特权的存在，让每一个公民在法律下都有同样的尊严。当前社会的一些不良思想，比如"富二代""官二代"的特权思想；含着"金勺子"，捧着"金饭碗"的优越意识，在法律面前必然缺乏有力的支撑。平等权让我们认识到，在法治进步的今天，任何公民都应该按照法律的规范行事，不能有凌驾于法律之上的权利存在，不能有不被追究的违法与犯罪，"王子犯法与庶民同罪"，就是这个道理。

■ 二、政治权利和自由

公民的政治权利，主要表现为选举权与被选举权；政治自由包括言论、出版、集会、结社和游行示威的自由。

1. 选举权和被选举权

我国法律规定，凡年满18周岁的公民，不分民族、种族、性别、职业、家庭出身、宗教信仰、教育程度、财产状况、居住期限，都有选举权和被选举权。但依法被剥夺政治权利的人除外。由于青少年的年龄未达到18周岁，因此暂不享有这项权利，不能够参加选举，也不能被选举提名。

2. 政治自由

我国《宪法》第二十五条规定："中华人民共和国公民有言论、出版、集会、结社、游行、示威的自由。"公民可以表达自己的政治意见和

天平

见解，正常参加社会活动，这是公民合法的政治自由。但是公民发表言论，参与结社、游行、示威等活动，不得损害国家和社会的利益，不得侵害其他公民的合法权利，否则不受法律的保护。

■ 三、监督权和获得赔偿权

我国《宪法》第四十条规定："中华人民共和国公民对于任何国家机关和国家工作人员，有提出批评和建议的权利；对于任何国家机关和国家工作人员的违法失职行为，有向有关国家机关提出申诉、控告或者检举的权利，但是不得捏造或者歪曲事实进行诬告陷害。""由于国家机关和国家工作人员侵犯公民权利而受到损失的人，有依照法律规定取得赔偿的权利。"

■ 四、宗教信仰自由

我国《宪法》第二十六条规定："中华人民共和国公民有宗教信仰自由。任何国家机关、社会团体和个人不得强制公民信仰宗教或者不信仰宗教，不得歧视信仰宗教的公民和不信仰宗教的公民。国家保护正常的宗教活动。任何人不得利用宗教进行破坏社会秩序、损害公民身体健康、妨碍国家教育制度的活动。宗教团体和宗教事务不受外国势力的支配。"

因此，青少年依法享有宗教信仰的权利和自由。可以自由选择所信仰的宗教，可以选择信奉宗教的时间，可以正常参与宗教活动，可以沿袭宗教的习俗和传统，可以选择信奉或者不信奉宗教。但是，青少年要注意不要误入邪教组织，参与破坏社会秩序和反党反社会的活动。任何有宗教信仰的公民都必须把遵守国家的宪法、法律、法规等放在首位。

■ 五、人身自由

青少年享有人身自由的权利。这是作为公民能够参加各种社会事务、进行社会活动的先决条件。公民的人身自由权利主要包括人身自由不受侵犯，人格尊严不受侵犯，住宅不受侵犯，通信自由和通信秘密受法律保护。

1. 人身自由不受侵犯。我国《宪法》第三十七条规定："中华人民共和国公民的人身自由不受侵犯。任何公民，非经人民检察院批准或者决定或者人民法院决定，并由公安机关执行，不受逮捕。禁止非法拘禁和以其他方法非法剥夺或者限制公民的人身自由，禁止非法搜查公民的身体。"

青少年在校园生活中，人身自由的权利受到保护。学校教师在教育学生的过程中，不可以随意拘禁学生。现实生活中，有些青少年不遵守纪律，可能被教师要求关禁闭、放学不许回家等，这些都侵犯了青少年的人身自由。因此教师要积极学习法律知识，合理合法地行使教育权，采取正确的方式，注意保护青少年的人身自由权。

爱国不分大小

2、人格尊严不受侵犯。《宪法》第三十八条规定："禁止用任何方法对公民进行侮辱、诽谤和诬告陷害。"公民的人格尊严不受侵犯，一方面要求公民自身的尊严受到他人的保护，另一方面也要求公民个人不要有侮辱和践踏他人尊严的不当行为。青少年在日常生活和校园生活中要注意与同学朋友相互尊重，不给他人起不雅外号，不随意打骂他人，更不要参与校园暴力行为而伤害他人。

3. 公民的住宅不受侵犯。《宪法》第三十九条规定："禁止非法搜查或者非法侵入公民的住宅。"

4. 公民的通信自由和通信秘密受法律的保护。《宪法》第四十条规定："除因国家安全或者追查刑事犯罪的需要，由公安机关或者检察机关依照法律规定的程序对通信进行检查外，任何组织或者个人不得以任何理由侵犯公民的通信自由和通信秘密。"

青少年享有通信自由和通信秘密不受侵犯的权利。因此，作为青少年的家长和教师，应该主动遵守法律的相关规定，不要随意开拆、查阅青少年的信件和其他通讯信息，这也是维护青少年人格尊严的要求和表现。

现代社会科技发展迅速，我国青少年能够接触和利用的传播手段越来越丰富。除纸质通信外，青少年可以利用各类社交平台包括电话、短信、微信、微博、QQ等多种方式进行通信联络。因此，青少年应主动学习必要的网络通讯知识，采取必要的手段保护通信内容不被随意公开，防止个人通信信息被泄露；另一方面青少年不要利用高科技手段对他人通信内容进行盗取、侵犯，更不要利用盗取的信息谋利。尊重和维护他人的通讯自由是公民应尽的法律义务。

■ 六、社会经济与文化方面的权利

青少年在社会经济与文化方面的权利是青少年社会生活的基础保证。社会经济权利是青少年获取物质利益的相关权利，是其社会生活的物质保障；文化方面的权利是青少年接受义务教育、进行科学文化创作的相关权利，受到法律保护。

青少年的宪法权利

青少年的宪法权利	平等权利		中华人民共和国公民在法律面前一律平等
	政治权利及自由	选举权与被选举权	青少年的年龄未达到18周岁，因此暂不享有这项权利，不能够参加选举，也不能被选举提名
		政治自由	言论自由、出版自由、集会自由、游行自由、示威自由、结社自由
	监督权		批评权、建议权、申诉权、控告权、检举权
	取得赔偿权		国家负责赔偿
	宗教信仰自由		信何种宗教的自由、何时信的自由、信与不信的自由
	人身自由		人身自由不受侵犯；人格尊严不受侵犯；住宅不受侵犯；通信自由和通信秘密受法律保护
	社会经济与文化方面的权利		参与劳动的权利和休息的权利（未满16周岁的未成年人，除法律规定的特殊行业外，不可以参与社会劳动，不能够被用人单位雇佣）；物质帮助权；受教育的权利和义务；科学研究、文化创作的权利；儿童受国家的保护

1. 参与劳动的权利和休息的权利。《宪法》第四十二条规定："公民有劳动的权利。"第四十三条规定："劳动者有休息的权利。国家通过各种途径，创造劳动就业条件，加强劳动保护，改善劳动条件，并在发展生产的基础上，提高劳动报酬和福利待遇。"青少年参与社会劳动，享有休息的权利，以保证身体健康，恢复劳动能力。

由于青少年的身体发育尚不成熟，并不是所有的青少年都可以参加社会

如此"嬉闹"

劳动。我国的《劳动法》第十五条规定："禁止用人单位招用未满16周岁的未成年人。文艺、体育和特种工艺单位招用未满16周岁的未成年人，必须依照国家有关规定，履行审批手续，并保障其接受义务教育的权利。"可见，未满16周岁的未成年人，除法律规定的特殊行业外，不可以参与社会劳动，不能够被用人单位雇佣。年满16周岁的未成年人参加工作，进行社会劳动，受到特殊劳动保护，进行定期体检并实施备案制度。

2. 物质帮助权。我国《宪法》第四十五条规定："公民在年老、疾病或者丧失劳动能力的情况下，有从国家和社会获得物质帮助的权利。国家发展为公民享受这些权利所需要的社会保险、社会救济和医疗卫生事业。"

青少年享有物质帮助权，享受国家社会保险和社会救济的权利。因此青少年的父母应该合理地为青少年办理医疗保险手续，以享受保险待遇。对于孤儿等特殊青少年，有权利获得社会救济，由国家福利机构进行抚养和监护。

3. 受教育权。青少年有受教育的权利。《宪法》第四十五条规定："国家培养青年、少年、儿童在品德、智力、体质等方面全面发展。"青少年有权接受国家义务教育，提高自己的文化水平。

4. 科学研究、文化创作的权利。青少年有进行科学研究、文学艺术创作和其他文化活动的自由。《宪法》第四十五条规定："国家对于从事教育、科学、技术、文学、艺术和其他文化事业的公民的有益于人民的创造性工作，给以鼓励和帮助。"

青少年创造力丰富，可以自由地进行科学研究和艺术创作。青少年科学研究产生的科技成果以及艺术作品受到知识产权相关法律的保护。国家鼓励和支持青少年的科学文化活动，为社会主义建设事业培养更多更优秀的接班人。

5. 儿童受国家的保护。我国《宪法》规定："父母有抚养教育未成年子女的义务。""禁止虐待老人、妇女和儿童。"儿童是祖国的未来，是国家建设事业的接班人。儿童应该受到合法的保护和优待，任何个人和家庭不得虐待儿童，应该关爱和保护儿童，促进儿童的身心发展。

 典型案例

教师私拆学生信件是否违法？

某市一中学生高某，平时作风散漫，学习不认真，常与社会上一些不明来路的人来往。某日，该生班主任李老师，在学校的收发室发现了一封高某的信件，于是将信拿回办公室，私自拆看。内容中，李老师见到"按原计划行动，切记"字样，为避免该生误入歧途，遂将信件的内容告知给了学校和家长。在家长的监视过程中发现，该生仅仅是与同学一同看电影，于是该学生与老师发生了争执。

 案例评析

我国《宪法》第四十条规定："中华人民共和国公民的通信自由和通信秘

密受法律的保护。除因国家安全或者追查刑事犯罪的需要，由公安机关或者检察机关依照法律规定的程序对通信进行检查外，任何组织或个人不得以任何理由侵犯公民的通信自由和通信秘密。"我国的《未成年人保护法》第三十九条规定："任何组织或者个人不得披露未成年人的个人隐私。对未成年人的信件、日记、电子邮件，任何组织或者个人不得隐匿、毁弃；除因追查犯罪的需要，由公安机关或者人民检察院依法进行检查，或者对无行为能力的未成年人的信件、日记、电子邮件由其父母或者其他监护人代为开拆、查阅外，任何组织或者个人不得开拆、查阅。"根据上述法律规定，通信自由和通信秘密是我国公民的一项基本权利，是与人身自由紧密联系的一项重要权利。

教师对于学生而言，主要承担教育和管理责任，即使教师认为确实需要开拆未成年学生的信件，也应该经过学生本人和家长的同意。在本案中，教师擅自开拆学生信件，这一行为是违反法律规定的，侵犯了学生的通信自由和通信秘密权利，应该受到批评和处罚。

第三节　青少年的宪法义务

我国《宪法》在规定公民权利的同时，也规定了公民的义务。宪法义务是由宪法规定的，是为了实现社会利益而要求公民必须做出一定行为或不能做出一定行为的约束。《宪法》规定的公民义务，青少年必须遵守，这是作为一国公民对社会以及他人最首要的法律义务。

我国《宪法》规定的公民基本义务主要包括：

■ 一、维护国家统一、民族团结，维护祖国安全和利益

青少年作为国家公民的重要组成部分，负有维护国家统一和全国各民族团结的义务。国家统一、民族团结是国家稳定发展的前提，是社会主义建设

事业取得胜利的基本保证。因此，青少年应该尊重各民族的风俗习惯，维护民族团结；不参与任何分裂国家和破坏国家统一的活动，维护祖国统一和平，增强爱国主义责任感，坚决反对分裂国家和破坏民族团结的行为。

■ 二、遵纪守法、保守国家秘密

我国《宪法》第五十三条规定："公民必须遵守宪法和法律，保守国家秘密，爱护公共财产，遵守劳动纪律，遵守公共秩序，尊重社会公德。"

保护国家的秘密是维护国家安全、社会稳定的重要前提，关系到社会主义事业能否顺利完成的关键。青少年应该具有保守和维护国家秘密的敏锐性和责任感，不被国外势力利用。青少年要增强保守和维护国家秘密的观念，保守国家秘密。特别是在网络技术发达的今天，一定要保持警惕感，不随意发表和传播国家的重要信息，不随意转载他人关于国家重要信息的言论。

青少年要遵守社会秩序，遵纪守法，尊重社会公德，要努力成为文明的社会公民。我国正在朝着建设社会主义法治国家的方向而努力，青少年也应该树立法律意识，遵纪守法，不做破坏和违反法律的行为，维护社会公共利益，遵守社会公德，为社会的发展和进步做出贡献。

如此留"名"

三、维护祖国的安全、荣誉和利益

国家的每个公民都负有维护祖国安全、荣誉和利益的义务。青少年是祖国的一分子，一定要有主人翁精神，爱国、爱家，维护祖国荣誉，不因一己私利而做出危害国家安全的事情。青少年走出国门，一定时刻记住自己的一言一行都代表着我们国家的形象和荣誉，要文明举止，礼貌对人，为国家争光，维护祖国利益。

四、服兵役的义务

《宪法》第五十五条规定："保卫祖国、抵抗侵略是中华人民共和国每一个公民的神圣职责。依照法律服兵役和参加民兵组织是中华人民共和国公民的光荣义务。"我国《国防法》第五十条规定："各级兵役机关和基层人民武装机构应当依法办理兵役工作，按照国务院和中央军事委员会的命令完成征兵任务，保证兵员质量。其他有关国家机关、社会团体和企业事业单位应当依法完成民兵和预备役工作，协助兵役机关完成征兵任务。

我国《兵役法》第十三条规定："每年12月31日以前年满18周岁的男性公民，应当被征集服现役。""根据军队需要和本人自愿，可以征集当年12月31日以前年满17周岁未满18周岁的公民服现役。"因此，对于符合年龄和应征条件的青少年，可以按照国家的法律制度应征入伍，成为一名光荣的共和国士兵。

没有应征入伍的青少年，要履行接受国防教育的义务。青少年在学校可以接受到国防教育。根据法律规定，学校的国防教育是全民国防教育的基础。各级各类学校应当设置适当的国防教育课程，或者在有关课程中增加国防教育的内容。军事机关应当协助学校开展国防教育。

五、依法纳税的义务

对于青少年而言，大多数的青少年由于没有参与社会劳动，没有收入，因此不需要履行纳税义务。但是对于一些特殊的青少年，比如利用寒暑假从各种渠道获得临时性收入，或者一些特殊行业如艺术、体育行业的未成年劳动者，应该按照法律的规定缴纳税款，履行纳税义务。纳税义务是公民的一项宪法义务，也是公民的光荣职责。

青少年的宪法义务

青少年的的宪法义务	维护国家统一、民族团结，维护祖国安全和利益	尊重各民族的风俗习惯，维护民族团结；不参与任何分裂国家和破坏国家统一的活动，维护祖国统一和平，增强爱国主义责任感，坚决反对分裂国家和破坏民族团结的行为
	遵纪守法、保守国家秘密	遵守宪法和法律，保守国家秘密，爱护公共财产，遵守劳动纪律，遵守公共秩序，尊重社会公德
青少年的宪法义务	维护祖国的安全、荣誉和利益	爱国、爱家，维护祖国荣誉；文明举止，礼貌对人，为国家争光，维护祖国利益
	服兵役的义务	符合年龄和应征条件的青少年，可以按照国家的法律制度应征入伍，成为一名光荣的共和国士兵；没有应征入伍的青少年，要履行接受国防教育的义务。
	依法纳税的义务	大多数的青少年由于没有参与社会劳动，没有收入，因此不需要履行纳税义务；特殊的青少年，按照法律的规定缴纳税款，履行纳税义务

典型案例

95后青年拒服兵役，被禁止出国、升学、工作数年

李某，男，1995年出生，2015年9月自愿报名参军到部队服役。但在服役

期间，因怕苦怕累、不愿受部队纪律约束，拒不参加正常的训练和操课，以种种理由逃避服兵役。虽经部队领导和家长多次劝说，但该青年拒绝思想教育，拒绝继续留队服现役，态度极其消极，并以绝食等极端行为相要挟，在部队造成了极其恶劣的影响，直至被部队按思想退兵做出处理。处理结果如下：对李某作出114692元罚款、开除团籍、全县政府企事业单位禁止招聘李某，并在两年内不得升学、出国（境），三年内不得经商、贷款，不得被私营企业聘用等9项处罚。

案例评析

　　根据我国现行兵役法第3条规定，凡中华人民共和国公民，不分民族、种族、职业、家庭出身、宗教信仰和教育程度，都有义务依照本法的规定服兵役。服兵役是一项光荣的宪法义务。近年来，一些不愿当兵的青年，为了逃避兵役可能进行"自我设计"。比如，体检前扎耳眼、文身，心理测试时故意答偏，等等，以此达到"自我淘汰"的目的，青少年应该正

居安思危

确理解服兵役的宪法义务。对于青少年来说，服兵役是一次提升个人能力的优秀平台，也是改变命运的难得机遇。在部队，不但可以得到很好的体能锻炼，还可以学到科学知识，也可以提升就业的本领，这段经历是人生非常宝贵的财富。因此，青少年应该勇于投身于国家的国防建设，要学会理解和享受军队生活的艰苦和充实，努力锻炼自己成为有志青年。

第二章
青少年家庭生活法律知识

TUJIE
QINGSHAONIANFALV ZHISHI

家庭"阴影"

　　家庭是青少年茁壮成长的港湾，安稳有序的家庭环境对青少年的成长有很强的促进作用。家庭是建立在婚姻关系、血缘关系或收养关系基础上的社会基本生活组织，在家庭生活中充斥着各种情感交织，也产生着琐碎矛盾，这些矛盾处理不好，将会直接影响青少年的身心健康，给青少年带来伤害。处理家庭矛盾，不能单凭父母对子女的管教与强权，更应该遵守法律的指引，尊重青少年的家庭权利，正确引导青少年成长，合理处理家庭关系，使家庭生活走上法制轨道，营造温馨有序的家庭环境。

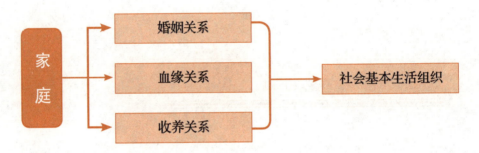

　　青少年了解和熟悉家庭生活法律制度，一方面，可以理性地面对家庭生活中产生的相关问题，不片面从感情出发进而激化家庭纠纷；另一方面，青少年熟知家庭法律制度，可以明确自己在家庭中的法律地位，了解自身权利，对侵害自己合法权利的行为能够采取有效的措施，维护自身权益。

第一节　家庭抚养法律知识

■ 一、父母对子女有抚养和管教的义务

（一）父母对子女的抚养

　　我国《婚姻法》第二十一条规定："父母对子女有抚养教育的义务"。父母养育子女，不仅仅是出于血浓于水的亲情，也是一种法律责任。溺婴和

其他残害婴儿的行为，是犯罪行为，应该受到法律的严厉制裁。父母对子女的抚养，不仅仅表现为物质上的给予，也包括对子女的管教。父母应该科学合理地教育子女，不仅要培养子女强健的体魄，还应该使子女树立正确的人生观和价值观，注重子女性格和品格的培养。

父母对子女的抚养

《婚姻法》规定："父母对子女有抚养教育的义务。"不仅仅是亲情，也是一种法律责任。	父母对子女的抚养，不仅仅表现为物质上的给予，也包括对子女的管教。不仅要培养子女强健的体魄，还要注重子女性格和品格的培养。

家庭是青少年性格和人格的教育场所。父母是孩子最好的老师，父母的一言一行都潜移默化地对子女造成影响。不良的家庭教育可能导致子女的缺陷性格，会严重影响子女日后的家庭生活和社会工作，甚至可能导致严重的青少年犯罪。因此，抚养教育子女不仅仅是父母的家庭责任，也是对社会的重大责任。因此，青少年的父母在抚养教育子女的过程中，应该采取科学合理的教育方式，引导青少年健康成长，使他们成为有理想，有道德，有文化，有纪律的一代新人。

另外，法律对特殊家庭环境下的抚养关系做出了相关规定：

养父母和养子女间的权利和义务，继父或继母和受其抚养教育的继子女间的权利和义务，适用《婚姻法》对父母子女关系的有关规定；

有负担能力的祖父母、外祖父母，对于父母已经死亡或父母无力抚养的未成年的孙子女、外孙子女，有抚养的义务；

有负担能力的兄、姐，对于父母已经死亡或父母无力抚养的未成年的弟、妹，有抚养的义务。

（二）监护人制度

监护人，是对无民事行为能力和限制民事行为能力的人（包括未成年人和精神病人）的人身、财产和其他合法权益负有监督和保护责任的人。青少年的身心发育尚不健全，缺少对外界生活独立判断的能力，因此需要有相应的主体对他们的合法权益进行照管。通常情况下，青少年的父母即为监护人。父母作为监护人，应该对青少年的人身、财产以及其他合法权益进行监督和保护。

民事行为能力是指民事主体能以自己的行为取得民事权利、做出民事行为、承担民事义务的资格。青少年由于尚未成年，心智发育未完全成熟，因此不具有完全的民事行为能力。法律规定，十八周岁以上的公民是成年人，具有完全民事行为能力；十六周岁以上不满十八周岁的公民，以自己的劳动收入为主要生活来源的，视为完全民事行为能力人；十周岁以上的未成年人是限制民事行为能力人，可以进行与他的年龄、智力相适应的民事活动，其他民事活动由他的法定代理人代理，或者征得他的法定代理人的同意；不满十周岁的未成年人是无民事行为能力人，由他的法定代理人代理民事活动。因此，对于没有完全行为能力的青少年，应该由其监护人代理其行为。

青少年的民事行为能力	不满十周岁的未成年人是无民事行为能力人，由他的法定代理人代理民事活动。
	十周岁以上的未成年人是限制民事行为能力人，可以进行与他的年龄、智力相适应的民事活动；其他民事活动由他的法定代理人代理，或者征得他的法定代理人的同意
	十六周岁以上不满十八周岁的公民，以自己的劳动收入为主要生活来源的，视为完全民事行为能力人
	十八周岁以上的公民是成年人，具有完全民事行为能力

根据法律规定，监护人对被监护人的主要职责包括：（1）保护被监护人的身体健康，防止其生命健康权被不法侵害；（2）照顾被监护人的生活，保证被监护人在生活方面的基本需求；（3）管理和保护被监护人的财产，保证其财产不受不法侵害，为被监护人的利益可以处分其财产；（4）代理被监护人进行民事活动；（5）对被监护人进行管理和教育，保证被监护人的身心发育和成长；（6）代理被监护人进行诉讼。父母或者其他监护人应当关注未成年人的生理、心理状况和行为习惯，以健康的思想、良好的品行和适当的方法教育和影响未成年人，引导未成年人进行有益身心健康的活动，预防和制止未成年人吸烟、酗酒、流浪、沉迷网络以及赌博、吸毒、卖淫等行为。

　　监护人应当履行监护职责，保护被监护人的人身、财产及其他合法权益，除为被监护人的利益外，不得处理被监护人的财产。监护人不履行监护职责或者侵害被监护人的合法权益的，应当承担责任；给被监护人造成财产损失的，应当赔偿损失。人民法院可以根据有关人员或者有关单位的申请，撤销监护人的资格。

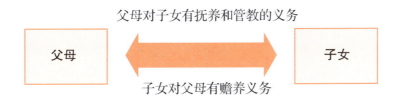

　　青少年在日常生活中，可以自由行使相关的民事权利，进行民事行为。但是根据法律的规定，无民事行为能力人或限制民事行为能力人做出的与其智力不相适应的民事行为，需要得到监护人的追认。青少年购买日常生活的普通用品，由于价款数额低，与其智力发育相适应，可以得到法律的肯定；但如果青少年处分相对较大额的财产，比如用压岁钱购买电脑、手机、奢侈品等，其法定监护人均可以通过法律程序不予追认而使其行为无效。另一方面，如果监护人履行监护职责，不适当地处分青少年的财产，比如放弃青少年的继承权、随意处分青少年的存款等，给被监护青少年带来利益上的损失，也应当承担赔偿责任。

赠养没商量

■ 二、子女对父母有赡养义务

赡养父母是中华民族的传统美德。子女受到父母的抚养与教育，有义务承担尊重和照顾父母的责任。子女对父母的赡养义务主要指在物质上和经济上为父母提供必要的生活条件，履行对父母经济上供养、生活上照料和精神上慰藉的义务。子女对父母的赡养应该是无条件的，不能够强制附加条件，不能增加被赡养人的额外负担。子女不能拒绝赡养父母，不能以放弃继承为条件不履行赡养义务。

青少年应该首先从尊重父母做起，对父母在精神上加以慰藉。青少年年龄未达到成年，一般情况下不需要承担赡养父母的重任，但应该主动帮助父母照顾祖父母及外祖父母，主动承担家庭责任，传承中华民族的美德传统，培养孝敬父母的道德精神。在特殊家庭环境下，如果父母残疾、患有疾病，缺乏劳动能力和生活能力，青少年更应该主动承担起赡养父母的重任，回报父母。

■ 三、禁止家庭暴力

家庭暴力简称家暴，是指发生在家庭成员之间的，以殴打、捆绑、禁闭、残害或者其他手段对家庭成员从身体、精神等方面进行伤害和摧残的行为。家庭暴力直接作用于受害者身体，使受害者身体上或精神上感到痛苦，损害其身体健康和人格尊严。

社会生活中，大部分的父母对子女都是呵护有加，关爱备至，但是有些父母，认为孩子是私人"财产"，可以任意打骂。我国法律规定，禁止对未成年人实施家庭暴力，禁止虐待、遗弃未成年人，禁止溺婴和其他残害婴儿的行为，不得歧视女性未成年人或者有残疾的未成年人。作为青少年，如果遭受到家庭暴力，应该懂得运用法律武器，保护自己的合法权益。

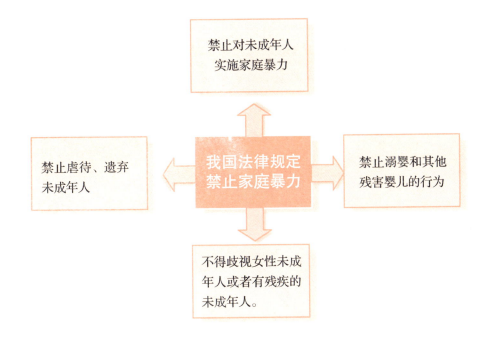

遭受到家庭暴力行为如何求助。我国《婚姻法》第四十三条规定："实施家庭暴力或虐待家庭成员，受害人有权提出请求，居民委员会、村民委员会以及所在单位应当予以劝阻、调解。对正在实施的家庭暴力，受害人有权提出请求，居民委员会、村民委员会应当予以劝阻；公安机关应当予以制止。实施家庭暴力或虐待家庭成员，受害人提出请求的，公安机关应当依照治安管理处罚的法律规定予以行政处罚。"因此，遭受到家庭暴力的青少年可以向当地居民委员会或村民委员会请求帮助；也可以向父母所在单位寻求救助；或者直接到公安机关报案，请求警察的保护。对于家庭暴力情节严重、构成犯罪的，依法追究刑事责任。

✉ **典型案例**

青少年遭遇家庭暴力如何解决？

付师傅路经贵州省金沙县石场乡构皮村发现一个小女孩满身伤痕，裸露的头皮没有一块好肉，让人触目惊心。经打听得知，小女孩叫小丽，年仅11岁，饱受亲生父亲的虐待已达5年之久，开水烫头、鱼线缝嘴、跪碎玻璃、针扎手指……由于长期被父亲毒打虐待，小丽现在已经变得精神恍惚。愤慨的付师傅立即向警方报了案。小丽的父亲已被派出所行政拘留，将依法受到法律的惩处。

 案例评析

如此"家法"

家庭暴力因为它的隐蔽性和对青少年极大的危害性，受到了社会的特别关注。根据调查统计，对青少年及儿童的家庭暴力主要来自于父母，10周岁以下的未成年人更容易遭受家庭暴力，女童高于男童。一般情况下，家庭暴力持续时间长、造成严重后果的才被关注。一般的暴力还没有引起重视，同时对案件和施暴人的处理方式简单，除后果特别严重的进行刑事处罚外，对一般案件缺少有效处理方式。

2015年12月27日，第十二届全国人民代表大会常务委员会第十八次会议通过了《中华人民共和国反家庭暴力法》，其目的是为了预防和制止家庭暴力，保护家庭成员的合法权益，维护平等、和睦、文明的家庭关系，促进家庭和谐、社会稳定，该法已于2016年3月1日起施行。该法规定根据情节轻重对加害人出具告诫书、给予治安管理处罚或追究刑事责任等，明确了政府、社会组织、自治组织和学校、医疗机构等各方职责，并设立人身安全保护令制度，切实保障家庭成员特别是儿童及青少年的权益。家庭暴力不仅仅是对家庭秩序的破坏，对家庭成员身心健康的威胁，更破坏了社会整体的法治与文明，是对人伦道德的违背。《反家庭暴力法》的通过，使社会干预家庭秩序成为可能，具有了极大的操作性，这在我国立法史上具有里程碑式的意义。

第二节　与青少年相关的婚姻法律知识

一、婚姻法律知识

　　婚姻是男女两性结合在一起共同生活成为配偶的一种社会现象。在法律上，男女通过婚姻缔结行为成立婚姻法律关系，合法婚姻受到法律保护。婚姻的缔结需要一定的条件。我国《婚姻法》规定的结婚条件包括：结婚必须男女双方完全自愿，不许任何一方对他方加以强迫或任何第三者加以干涉。结婚年龄，男不得早于二十二周岁，女不得早于二十周岁。有下列情形之一的，禁止结婚：（1）直系血亲和三代以内的旁系血亲；（2）婚前患有医学上认为不应当结婚的疾病婚后尚未治愈的。第八条规定："要求结婚的男女双方必须亲自到婚姻登记机关进行结婚登记。符合本法规定的，予以登记，发给结婚证。取得结婚证，即确立夫妻关系。"

《婚姻法》规定的结婚条件

合法婚姻受到法律保护	
《婚姻法》规定的结婚条件	结婚必须男女双方完全自愿，不许任何一方对他方加以强迫或任何第三者加以干涉。
	结婚年龄，男不得早于二十二周岁，女不得早于二十周岁
	结婚的男女双方必须亲自到婚姻登记机关进行结婚登记。
	符合本法规定的，予以登记，发给结婚证。

可见，青少年由于年龄不符合结婚的法定婚龄，因此不能够缔结婚姻。婚姻应该符合自愿原则，由男女双方同意，父母不能强加干涉。《未成年人保护法》规定父母或者其他监护人不得允许或者迫使未成年人结婚，不得为未成年人订立婚约；《婚姻法》也规定禁止包办、买卖婚姻和其他干涉婚姻

"娃娃亲"

自由的行为。我国个别农村地区仍有"娃娃婚"的恶习，父母为自己幼小的子女订立婚约，这是严重的违法行为，侵犯了子女双方的婚姻自由权。还有一些青少年，在未成年时就过早地结婚甚至生育，虽未办理登记手续，但已形成"事实婚姻"，这种行为严重地影响了青少年的身心健康，应该依法予以制止。

■ 二、父母离婚对青少年的法律保护

（一）离婚不影响父母与子女的亲权关系

《婚姻法》第三十六条规定："父母与子女间的关系，不因父母离婚而消除。离婚后，子女无论由父或母直接抚养，仍是父母双方的子女。离婚后，父母对于子女仍有抚养和教育的权利和义务。离婚后，哺乳期内的子女，以随哺乳的母亲抚养为原则。哺乳期后的子女，如双方因抚养问题发生争执不能达成协议时，由人民法院根据子女的权益和双方的具体情况判决。"法律规定，对于子女抚养问题，应当从有利于子女身心健康、保障子女的合法权益出发，结合父母双方的抚养能力和抚养条件等具体情况妥善解决。

对两周岁以上未成年的子女，父方和母方均要求随其生活，一方有下列情形之一的，可予优先考虑：（1）已做绝育手术或因其他原因丧失生育能力的；（2）子女随其生活时间较长，改变生活环境对子女健康成长明显不利的；（3）无其他子女，而另一方有其他子女的；（4）子女随其生活，对子女成长有利，而另一方患有久治不愈的传染性疾病或其他严重疾病，或者有其他不利于子女身心健康的情形，不宜与子女共同生活的；（5）父方与母方抚养子女的条件基本相同，双方均要求子女与其共同生活，但子女单独随祖父母或外祖父母共同生活多年，且祖父母或外祖父母要求并且有能力帮助子女照顾孙子女或外孙子女的，可作为子女随父或母生活的优先条件予以考虑；（6）父母双方对十周岁以上的未成年子女随父或随母生活发生争执的，应考虑该子女的意见；（7）在有利于保护子女利益的前提下，父母双方协议

轮流抚养子女的，可行准许。

离婚后对于子女的抚养权，也可以通过法律途径予以变更。法律规定，一方要求变更子女抚养关系有下列情形之一的，应予支持。如下：

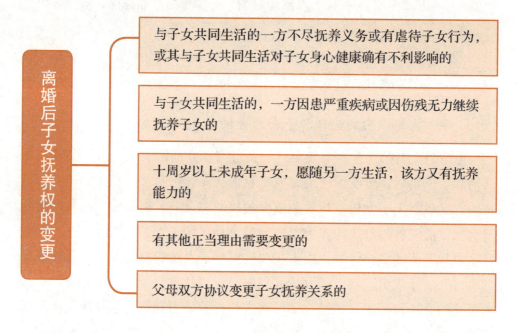

离婚后子女抚养权的变更

与子女共同生活的一方不尽抚养义务或有虐待子女行为，或其与子女共同生活对子女身心健康确有不利影响的

与子女共同生活的，一方因患严重疾病或因伤残无力继续抚养子女的

十周岁以上未成年子女，愿随另一方生活，该方又有抚养能力的

有其他正当理由需要变更的

父母双方协议变更子女抚养关系的

（二）不抚养子女的另一方父或母应该支付抚养费

抚养子女是父母的法定义务，无论父母是否离婚，双方都应该尽到抚养义务。父母离婚后，子女跟随父或母生活，不进行实际抚养的一方，应该支付适当的抚养费。《婚姻法》第三十开条规定："离婚后，一方抚养的子女，另一方应负担必要的生活费和教育费的一部或全部，负担费用的多少和期限的长短，由双方协议；协议不成时，由人民法院判决。"

法院判决抚养费数额时所考虑的因素有三种，分别为子女的实际需要、父母双方的负担能力和当地的实际生活水平。法律规定：有固定收入的，抚育费一般可按其月总收入的百分之二十至三十的比例给付；负担两个以上子女抚育费的，比例可适当提高，但一般不得超过月总收入的百分之五十；无固定收入的，抚育费的数额可依据当年总收入或同行业平均收入，参照上述比例确定；有特殊情况的，可适当提高或降低上述比例。

由于生活情况变化，子女可以在必要时向父母任何一方提出超过协议或判决原定数额的合理要求。主要事由包括：（1）原定抚育费数额不足以维持当地实际生活水平的；（2）因子女患病、上学，实际需要已超过原定数额的；（3）有其他正当理由应当增加的。

抚育费的给付期限，一般至子女十八周岁为止。十六周岁以上不满十八周岁，以其劳动收入为主要生活来源，并能维持当地一般生活水平的，父母可停止给付抚育费。尚未独立生活的成年子女有下列情形之一，父母又有给付能力的，仍应负担必要的抚育费：（1）丧失劳动能力或虽未完全丧失劳动能力，但其收入不足以维持生活的；（2）尚在校就读的；（3）确无独立生活能力和条件的。

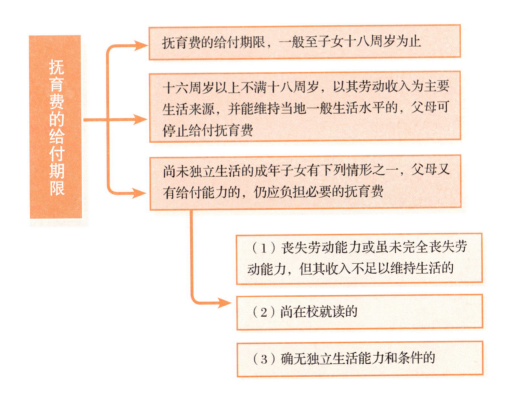

（三）不直接抚养子女的一方享有探望权

离婚后，不直接抚养子女的父或母，有探望子女的权利，另一方有协助的义务。行使探望权利的方式、时间由当事人协议；协议不成时，由人民法院判决。父或母探望子女，不利于子女身心健康的，由人民法院依法中止探望的权利；中止的事由消失后，应当恢复探望的权利。

父、母探望子女，子女与父、母团聚，是婚姻法赋予父母的权利，也是子女的权利，直接抚养的一方不能强加干涉。但是，如果探望会影响青少年的健康成长，可以通过法律手段予以制止，剥夺一方的探视权，以维护青少年的合法利益。

典型案例

离婚后，探视权受到限制如何处理？

上海长宁区法院审理了一起探视权纠纷案件，前妻告前夫，要求他在规定时间、规定地点、规定方式下看孩子。徐先生和妻子离婚后儿子判给了妻子，离婚后他去看看孩子都受到前妻的限制，甚至还被妻子告到了法院，要求法院限制徐先生探视的次数和时间。经审理，法院不但没有支持他前妻每月探视一次的要求，反而给予了许先生探视次数上的宽限，每月探望儿子的次数为2次，每次探视时间为3个小时。

案例评析

我国《婚姻法》第三十八条明确规定："离婚后，不直接抚养子女的父或母，有探望子女的权利，另一方有协助的义务。行使探望权利的方式、时间由当事人协议；协议不成时，由人民法院判决。"实际生活中，离婚后与子女共同生活的父母一方，以种种理由拒绝和限制对方探望子女，对方不能

不能"丢弃"责任

与子女见面，重重阻挠，强加干涉，另一方很难对子女履行教育、监督、保护等监护权利义务。对于探望的方式，父母应本着有利于子女成长的原则，结合探望人的实际情况，确定探望的时间和内容。探望人如果有固定的工作、稳定的生活、居住条件，具有在短期内抚养、教育的经济收入和行为能力的，可以采取约定一定时间内，由探望人领走并按时送回被探望子女的方式。离异的父母应该深知，对于已经没有完整家庭的未成年人来说，能更多地得到父母的陪伴才是他们心灵的珍贵补偿。

第三节　继承与收养法律知识

■ 一、继承法律知识

继承是一种法律制度，即指将自然人死亡后的财产和其他合法权益转归有权取得该项财产和权益的人的相关法律制度。继承从被继承人死亡时开始。父母和子女有相互继承遗产的权利。青少年作为自然人，可以依法继承父母的遗产；当然，父母也可以依法继承青少年的遗产。

（一）被继承人的财产范围

《继承法》第三条规定："遗产是公民死亡时遗留的个人合法财产，包括公民的收入；公民的房屋、储蓄和生活用品；公民的林木、牲畜和家禽；公民的文物、图书资料；法律允许公民所有的生产资料；公民的著作权、专利权中的财产权利；公民的其他合法财产。"

（二）继承的方式

《继承法》第五条规定："继承开始后，按照法定继承办理；有遗嘱的，按照遗嘱继承或者遗赠办理；有遗赠扶养协议的，按照协议办理。"

《继承法》规定

| 继承开始后，按照法定继承办理 | 有遗嘱的，按照遗嘱继承或者遗赠办理 | 有遗赠扶养协议的，按照协议办理 |

1. 法定继承

法定继承是指在被继承人没有对其遗产的处理立有遗嘱的情况下，由法律直接规定继承人的范围、继承顺序、遗产分配的原则的一种继承形式。法定继承不直接体现被继承人的意志，是遗嘱继承以外的一种继承方式。如果被继承人留有合法的遗嘱，那么应该按照遗嘱继承而非法定继承。

男女平等

根据法律规定，继承权男女平等。也就是说无论继承人是男还是女，都有同等的继承权。在我国某些地区有非常严重的重男轻女现象，对于女儿特别是已出嫁的女儿不允许享有继承权。这一点一定要明确：如果被继承人没有留下合法的遗嘱，那么按照法律规定，女儿同样享有继承遗产的权利，不能够被强制剥夺。除非成年女性自愿放弃，否则不得限制其继承财产的权利。对于未成年女性，其父母是法定监护人，从维护被监护人的利益出发，不能非法剥夺其继承的权利。

法定继承的顺序为：第一顺序：配偶、子女、父母；第二顺序：兄弟姐妹、祖父母、外祖父母。继承开始后，由第一顺序继承人继承，第二顺序继承人不继承。没有第一顺序继承人继承的，由第二顺序继承人继承。婚生子女、非婚生子女、养子女和有扶养关系的继子女有同等的继承权利；生父母、养父母和有扶养关系的继父母也同样具有相同的继承权利。

在份额上《继承法》第十三条规定："同一顺序继承人继承遗产的份额，一般应当均等；对生活有特殊困难的缺乏劳动能力的继承人，分配遗产时，应当予以照顾；对被继承人尽了主要扶养义务或者与被继承人共同生活的继承人，分配遗产时，可以多分；有扶养能力和有扶养条件的继承人，不尽扶养义务的，分配遗产时，应当不分或者少分；继承人协商同意的，也可以不均等。"

可见，在法定继承中，可参加继承的继承人、继承人参加继承的顺序、继承人应继承的遗产份额以及遗产的分配原则，都是由法律直接规定的。生活中，由于继承而产生的家庭矛盾并不少见，原因多在于当事人之间对继承法律知之甚少，不能合理合法地进行财产继承分配，因而产生诸多问题。青少年应该了解和熟知法定继承的相关规定，正确参与继承财产分配，不谋取私利，不侵犯其他合法继承人的权利，只有这样，才能和睦家庭关系，减少矛盾纠纷。

法 定 继 承

法律直接规定继承人的范围	继承权男女平等。	无论继承人是男还是女，都有同等的继承权。
继承顺序	第一顺序：配偶、子女、父母。	第二顺序：兄弟姐妹、祖父母、外祖父母。
遗产分配的原则	1.在份额上，同一顺序继承人继承遗产的份额，一般应当均等。 2.对生活有特殊困难的缺乏劳动能力的继承人，分配遗产时，应当予以照顾。 3.对被继承人尽了主要扶养义务或者与被继承人共同生活的继承人，分配遗产时，可以多分 4.有扶养能力和有扶养条件的继承人，不尽扶养义务的，分配遗产时，应当不分或者少分。	

继承权平等

遗嘱继承	1.公民可以采取公证遗嘱，公证遗嘱由遗嘱人经公证机关办理。 2.自书遗嘱，自书遗嘱由遗嘱人亲笔书写，签名，注明年、月、日。 3.代书遗嘱的方式进行代书遗嘱应当有两个以上见证人在场见证，由其中一人代书，注明年、月、日，并由代书人、其他见证人和遗嘱人签名。 4.口头遗嘱应当有两个以上见证人在场见证。危急情况解除后，遗嘱人能够用书面或者录音形式立遗嘱的，所立的口头遗嘱无效。 5.录音遗嘱。应当有两个以上见证人在场见证。

遗赠扶养协议	公民可以与扶养人签订遗赠扶养协议。	按照协议，扶养人承担该公民生养死葬的义务，享有受遗赠的权利。

2. 遗嘱继承

《继承法》第十六条规定："公民可以依照本法规定立遗嘱处分个人财产，并可以指定遗嘱执行人。公民可以采取公证遗嘱、自书遗嘱、代书遗嘱、梁建章医嘱或口头医嘱的方式进行。公证遗嘱由遗嘱人经公证机关办理；自书遗嘱由遗嘱人亲笔书写，签名，注明年、月、日；代书遗嘱应当有两个以上见证人在场见证，由其中一人代书，注明年、月、日，并由代书人、其他见证人和遗嘱人签名；口头遗嘱应当有两个以上见证人在场见证。危急情况解除后，遗嘱人能够用书面或者录音形式立遗嘱的，所立的口头遗嘱无效；录音遗嘱。应当有两个以上见证人在场见证。

对于青少年能否订立遗嘱的问题，《继承法》第二十二条明确规定："无行为能力人或者限制行为能力人所立的遗嘱无效。"无行为能力人所订立的遗嘱，即使本人以后有了行为能力仍属于无效遗嘱。因此，对于青少年而言，由于其欠缺民事行为能力，不能订立遗嘱。

3.遗赠扶养协议

公民可以与扶养人签订遗赠扶养协议。按照协议，扶养人承担该公民生养死葬的义务，享有受遗赠的权利。

（三）继承人丧失继承权的规定

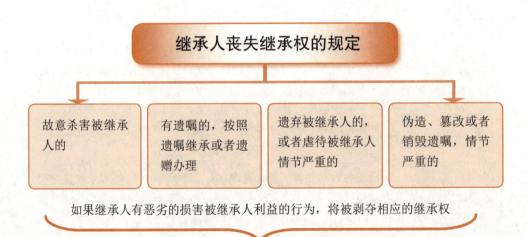

继承人丧失继承权的规定

| 故意杀害被继承人的 | 有遗嘱的，按照遗嘱继承或者遗赠办理 | 遗弃被继承人的，或者虐待被继承人情节严重的 | 伪造、篡改或者销毁遗嘱，情节严重的 |

如果继承人有恶劣的损害被继承人利益的行为，将被剥夺相应的继承权

《继承法》第七条规定："继承人有下列行为之一的，丧失继承权：故意杀害被继承人的；为争夺遗产而杀害其他继承人的；遗弃被继承人的，或者虐待被继承人情节严重的；伪造、篡改或者销毁遗嘱，情节严重的。"可

以看出，如果继承人有恶劣的损害被继承人利益的行为，将被剥夺相应的继承权。青少年对继承应该有合理的认识，明确继承是在法律框架下开展的，不可恣意妄为；另一方面，也要懂得维护自身的合法权利，对侵害继承权的行为予以制止和干预。

■ 二、收养法律知识

收养是指公民依法领养他人子女作为自己的子女，从而使收养人与被收养人建立拟制亲子关系的民事法律行为。收养是一种身份契约关系。

（一）收养的成立

1. 被收养人的条件

《收养法》第四条规定："下列不满十四周岁的未成年人可以被收养：丧失父母的孤儿；查找不到生父母的弃婴和儿童；生父母有特殊困难无力抚养的子女。"第十一条规定："收养年满十周岁以上未成年人的，应当征得被收养人的同意。"因此，青少年如果年满十周岁，应该对收养行为发表意见，合理选择被收养人，以利于自身的健康成长。

2. 收养人的资格

收养人应当同时具备下列条件：无子女；有抚养教育被收养人的能力；未患有在医学上认为不应当收养子女的疾病；年满三十周岁。收养人只能收养一名子女。收养孤儿、残疾儿童或者社会福利机构抚养的查找不到生父母的弃婴和儿童，可以不受收养人无子女和收养一名的限制。

3. 收养程序

收养应当向县级以上人民政府民政部门登记。收养关系自登记之日起成立。收养查找不到生父母的弃婴和儿童的，办理登记的民政部门应当在登记前予以公告。收养关系当事人愿意订立收养协议的，可以订立收养协议。收养关系当事人各方或者一方要求办理收养公证的，应当办理收养公证。收养关系成立后，公安部门应当依照国家有关规定为被收养人办理户口登记。

收养关系是法律拟制的家庭关系。青少年被收养应该办理合法的收养手续，否则将影响青少年的正常就学、医疗、工作等相关权利。因此，收养人应该完善收养手续，按照法律要求进行收养手续的办理，合法进行收养。

收养的成立			
被收养人的条件（法律规定，下列不满十四周岁的未成年人可以被收养）	丧失父母的孤儿	查找不到生父母的弃婴和儿童	生父母有特殊困难无力抚养的子女
收养人的资格	1.无子女； 2.有抚养教育被收养人的能力； 3.未患有在医学上认为不应当收养子女的疾病； 4.年满三十周岁。收养人只能收养一名子女。收养孤儿、残疾儿童或者社会福利机构抚养的查找不到生父母的弃婴和儿童除外。		
收养程序	收养应当向县级以上民政部门登记→收养关系成立→收养查找不到生父母的弃婴和儿童的，民政部门应当在登记前予以公告→当事人愿意订立收养协议的，可以订立收养协议→当事人要求办理收养公证的，应当办理收养公证		

（二）收养的效力

1.收养关系的成立

自收养关系成立之日起，养父母与养子女间的权利义务关系，适用法律关于父母子女关系的规定；养子女与养父母的近亲属间的权利义务关系，适用法律关于子女与父母的近亲属关系的规定。也就是说，养父母对养子女进行抚养和家庭教育，养子女的权利与亲生子女的权利在收养期间是相同的。

2.收养关系的解除

收养关系不是固定不变的，可以按照法律程序解除。一般情况下，对于养父母不尽抚养义务，有虐待遗弃等侵害未成年养子女合法权益的行为；或者家庭关系恶化、导致无法生活的情况，法律规定可以解除收养关系。

《收养法》第二十六规定："收养人在被收养人成年以前，不得解除收养关系，但收养人、送养人双方协议解除的除外，养子女年满十周岁以上的，应当征得本人同意。"

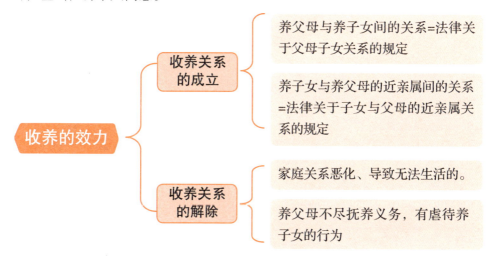

收养人不履行抚养义务，有虐待、遗弃等侵害未成年养子女合法权益行为的，送养人有权要求解除养父母与养子女间的收养关系。送养人、收养人不能达成解除收养关系协议的，可以向人民法院起诉；

养父母与成年养子女关系恶化、无法共同生活的，可以协议解除收养关系。不能达成协议的，可以向人民法院起诉。

青少年在收养关系中处于弱势地位，应明确自己的人身权利依法受到保护。在遭受到虐待、遗弃等情况时，可以通过法定程序解除收养关系，维护自身的合法权利。当然，青少年也应该珍惜养父母的关爱，认识到是养父母的收养才给自己一个温暖的家。因此，被收养的青少年应该尊敬和爱戴养父母，不要有偏激的行为，要理性地思考家庭关系，共同营造和谐的家庭氛围。

 典型案例

养子可否继承遗产？

钱某夫妇膝下无子，于是收养孙某幼子为养子，改为钱姓，该子在13岁

善待老人

时，钱夫妇先后病故，留下了住房5间和15万元的遗产。钱某的弟弟见哥哥留下大笔产业，以养子不是钱家血亲为由，不许养子继承财产。养子遂向人民法院起诉。

案例评析

我国《婚姻法》规定："国家保护合法的收养关系。养父母和子女间的权利义务。适用本法对父母对子女关系的规定。""养子女和生父母间的权利和义务，因收养关系的成立而消除。"也就是说，被收养的子女经合法收养后，已经与亲生父母脱离了法律关系。因此养子女取得养父母的继承权，丧失了对亲生父母的法定继承权。《继承法》第十条规定："本法所说子女，包括婚生子女，非婚生子女，养子女和有扶养关系的继子女。"因此，本案中，养子继承养父母的房产和财产符合法律规定，享有继承权。

第三章

青少年校园生活
法律知识

TUJIE
QINGSHAONIANFALV ZHISHI

"黑" 鸡生 "白" 蛋

教育事业，能够提高全民族的素质，促进社会主义物质文明和精神文明建设，是社会主义现代化建设的基础，国家保障教育事业优先发展。

青少年时期是人生发展的关键时期，青少年的健康成长关系着国家的发展和未来，关系着社会主义建设事业的成败。校园生活是青少年成长过程中不可或缺的经历，因此学校教育是影响青少年成长的主要因素。学校的环境，不仅仅包括校舍建设、教师教学质量，也与校园法治环境相关。学校与家庭的关系、教师与学生的关系、同学与同学之间的关系，不仅仅升华着人生情感，也包含着合法的相处规则。

青少年步入校园生活，应该学习和了解校园法律知识。通过对法律知识的熟知，可以明确不同主体之间的权利义务关系，可以指引在校园生活中的相处规则。另外，熟知校园法律制度，对于保护自身安全，防止校园暴力也有非常重要的作用。

第一节　青少年教育法律知识

■ 一、监护人对青少年受教育权的保护

受教育权是《宪法》规定的公民基本权利，也是公民的基本义务。《教育法》也规定中华人民共和国公民有受教育的权利和义务；公民不分民族、种族、性别、职业、财产状况、宗教信仰等，依法享有平等的受教育机会。国家通过各种法律和政策来保障公民享有受教育权。

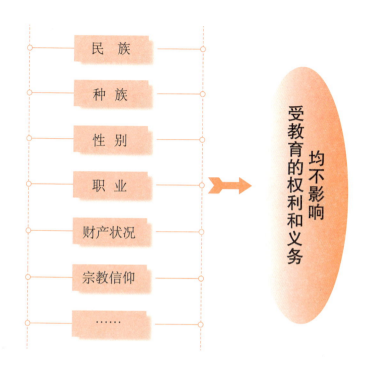

适龄青少年应该接受教育，学习科学知识，提高文化水平，掌握社会生活本领。因此，青少年的父母或者其他监护人应当提供必要条件，保障青少年的受教育权得以实现。青少年的父母或者其他监护人应当配合学校及其他教育机构，对其未成年子女或者其他被监护人进行教育。保障青少年子女受教育是父母的一项法律义务和责任。

二、义务教育制度

国家实行九年义务教育制度。义务教育是国家统一实施的所有适龄儿童、少年必须接受的教育，是国家必须予以保障的公益性事业。国家建立义务教育经费保障机制，保证义务教育制度实施。

凡具有中华人民共和国国籍的适龄儿童、少年，不分性别、民族、种族、家庭财产状况、宗教信仰等，依法享有平等接受义务教育的权利，并履行接受义务教育的义务。凡年满六周岁的儿童，其父母或者其他法定监护人应当送其入学接受并完成义务教育；条件不具备的地区的儿童，可以推迟到七周岁。

　　现实生活中，部分青少年的父母以子女学习不好、家庭条件艰难为由或重男轻女等思想的影响，要求青少年辍学在家，不接受义务教育。这是严重的违法行为。《义务教育法》规定适龄儿童、少年因身体状况需要延缓入学或者休学的，其父母或者其他法定监护人应当提出申请，由当地乡镇人民政府或者县级人民政府教育行政部门批准。可见，父母在没有合理依据的前提下，不能剥夺青少年的受教育权。适龄儿童、少年的父母或者其他法定监护人无正当理由未依照本法规定送适龄儿童、少年入学接受义务教育的，由当地乡镇人民政府或者县级人民政府教育行政部门给予批评教育，责令限期改正。

■ 三、学校对义务教育的保障

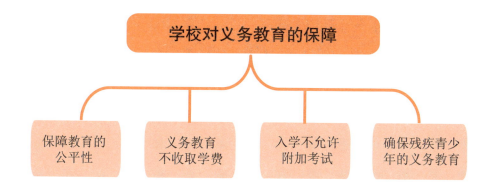

（一）教育公平性的保障

《义务教育法》规定县级以上人民政府及其教育行政部门应当促进学校均衡发展，缩小学校之间办学条件的差距，不得将学校分为重点学校和非重点学校。学校不得分设重点班和非重点班。

近年来，社会对青少年教育的关注，逐渐出现了"择校热""重点校""实验校"等社会问题。保证教育的公平性是社会公平的重要体现，也是宪法对公民平等权的诠释。因此，禁止人为的对义务教育学校进行重点与非重点的划分，坚决遏制教育机构收取择校费等非法行为，加大学校教育的投入，促进学校之间的均衡发展，缩小差距，保证青少年义务教育的公平性。

（二）义务教育不收取学费

《义务教育法》规定，国家实行九年义务教育制度。义务教育是国家统一实施的所有适龄儿童、少年必须接受的教育，是国家必须予以保障的公益性事业。实施义务教育，不收学费、杂费。国家建立义务教育经费保障机制，保证义务教育制度实施。

因此，青少年在义务教育阶段，学校不能够收取任何学杂费。青少年在接受义务教育期间的任何收费，都应该公开透明，符合法律规定。学校的收费项目，应该公开收费项目和标准，并提供由省财政部门统一适用行政事业性收费专用票据。学校不得违反国家规定收取费用，不得以向学生推销或者变相推销商品、服务等方式谋取利益。

（三）入学不允许附加考试

《义务教育法》规定，适龄儿童、少年免试入学。地方各级人民政府应当保障适龄儿童、少年在户籍所在地学校就近入学。

父母或者其他法定监护人在非户籍所在地工作或者居住的适龄儿童、少年，在其父母或者其他法定监护人工作或者居住地接受义务教育的，当地人民政府应当为其提供平等接受义务教育的条件。具体办法由省、自治区、直辖市规定。县级人民政府教育行政部门对本行政区域内的军人子女接受义务教育予以保障。

高抬"贵"手

地方在制定入学条件时，应当严格遵守就近入学原则，公平合理地划分学区、分配学位。各学校在招生过程中，更不可以违反原则，不合理招收不符合入学条件的学员，更不可以变相收取入学费用，暗箱操作。

（四）残疾青少年的义务教育保护

县级以上地方人民政府根据需要设置相应的实施特殊教育的学校（班），对视力残疾、听力语言残疾和智力残疾的适龄儿童、少年实施义务教育。特殊教育学校（班）应当具备适应残疾儿童、少年学习、康复、生活特点的场所和设施。

普通学校应当接收具有接受普通教育能力的残疾适龄儿童、少年随班就读，并为其学习、康复提供帮助。

 典型案例

受教育权不可剥夺

河南省南阳市社旗县社旗镇13岁的少年赵某进入该镇初级中学学习，因赵某比较调皮，曾因违反学校纪律而被班主任批评教育。一次在上课时，由于赵某顶撞老师，被班主任送回家中。其后一连几天，赵某多次找学校，要求返回学校上学，而学校要求赵某向老师认错作为其返校上学的一个前提条件。此后，赵某家长找到县教委信访科反映情况，但一直协调无果。在此情况下，赵某家长以学校剥夺了赵某的受教育权为由将镇中学告上了法庭。请求判令被告向其赔礼道歉，并赔偿损失。

 案例评析

公民有受教育的权利和义务。国家、社会、学校和家庭有依法保障适龄儿童、少年接受义务教育的义务。学校应当全面贯彻国家的教育方针，应当关心、爱护学生，对品行有缺点、学习有困难的学生，应当耐心教育、帮助，不得歧视，学校的教职员应当尊重未成年人的人格尊严，不得对未成年人实施有侮辱人格尊严的行为。学校的这种做法剥夺了赵某的受教育权，违反了义务教育法。因此，赵某家长针对被告的这种不作为行为，要求被告赔礼道歉、赔偿损失，符合法律规定，法律应予以支持。

第二节　师生关系法律知识

■ 一、教师对学生人格权的尊重

（一）禁止体罚学生

古语云"严师出高徒"，三尺戒尺育人才的理念一直被人们推崇。进入现代社会，人们对于师生之间关系的处理更为理性，对于教师通过谩骂、罚站、打骂、拘禁等体罚和侮辱行为来管理不遵守纪律的学生的现象予以否定。体罚，是指通过对人身体的责罚，特别是造成疼痛，来进行惩罚或教育的行为。体罚对学生的身心健康有极大的伤害，在生理方面，可能使学生致伤致残，甚至导致死亡；在心理方面，可能使学生变得恐惧、缺乏安全感，并摧残学生的心灵，扭曲学生的人格，损害学生的尊严。教师通过体罚来教育学生，本身侵犯了学生的人格尊严，损害了学生的身体健康，甚至造成严重的心理障碍，因此，应该加以禁止。

《义务教育法》规定，教师在教育教学中应当平等对待学生，关注学生的个体差异，因材施教，促进学生的充分发展。教师应当尊重学生的人格，不得歧视学生，不得对学生实施体罚、变相体罚或者其他侮辱人格尊严的行为，不得侵犯学生合法权益。《未成年人保护法》规定："学校、幼儿园、托儿所的教职员工应当尊重未成年人的人格尊严，不得对未成年人实施体罚、变相体罚或者其他侮辱人格尊严的行为。"

对于体罚学生的教师，应当追究法律责任。根据法律规定，教师品行不良、侮辱学生，影响恶劣的由县级以上人民政府教育行政部门撤销其教师资

如此"关心"

如此"揭秘"

格。侮辱、殴打学生、体罚学生情节严重的，由公安机关给予行政处罚；构成犯罪的，依法追究刑事责任。

（二）尊重青少年的隐私权

任何组织或者个人不得披露未成年人的个人隐私。对未成年人的信件、日记、电子邮件，任何组织或者个人不得隐匿、毁弃；除因追查犯罪的需要，由公安机关或者人民检察院依法进行检查，或者对无行为能力的未成年人的信件、日记、电子邮件由其父母或者其他监护人代为开拆、查阅外，任何组织或者个人不得开拆、查阅。因此，教师不得以了解学生情况为由，私自开拆学生的信件或窃取其他通讯信息，不得披露学生的个人隐私，涉及到违法犯罪的，依法由公安机关进行查处。

■ 二、学生对教师的尊重

教师是人类灵魂的工程师。教师职业是光荣和崇高的，受到全社会的尊重。青少年作为受教育者，应该理解尊重教师，理解教师对自己的关心和教导，能够体谅教师工作的辛苦和艰难。青少年要懂得尊敬和爱戴老师，培养尊师重教的道德精神。

《学生守则》规定："学生应该尊敬师长，团结同学，对人有礼貌，不骂人，不打架。"学生对教师的尊重也是教师人格权的体现。如果学生打骂老师，轻则违反《学生守则》，重则涉及刑事犯罪。《教师法》规定："侮辱、殴打教师的，根据不同情况，分别给予行政处分或者行政处罚；造成损害的，责令赔偿损失；情节严重，构成犯罪的，依法追究刑事责任。"可见，教师和学生之间，应该相互尊重，合理地处理师生关系，维护和谐的师生关系。

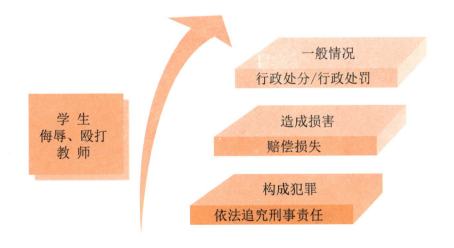

典型案例

教师体罚学生被判决赔偿

江苏省某外国语学校是一所封闭式管理的寄宿制私立学校，赵某就读于该校。某日，赵某因作业问题被老师叫至办公室，用塑料教鞭打手心。赵某因此心理受到巨大伤害，经医院诊断，患上抑郁症，后确诊为精神分裂症，花费了大量医疗费。赵某诉至法院，提出学校老师对其有体罚行为，并导致其患上精神分裂症，要求学校赔偿医疗费9455元，并赔礼道歉。

案例评析

本案经审理，法院认为赵某在学校学习、生活期间出现精神异常症状，学校教师作为教育者，未引起必要注意，教育方法简单粗暴，体罚行为对上诉人产生不良刺激，故学校未尽教育职责与赵某本次诉讼中主张的损害后果之间存在法律上的因果关系,应承担相应的赔偿责任，酌情确定学校对赵某承担10%的赔偿责任，法院的判决，体现了"未成年人利益最大化"和"未成年人特殊优先保护"的少年司法原则。

教师是人类灵魂的工程师，教师对待学生的态度和行为会对学生产生巨大的影响。教师体罚学生是一种违背师德和违法行为，对于学生自制能力差、思想不成熟、学习成绩不好等情况，应该耐心的进行教育，不能采取过激的行为。教师为人师表，应该遵纪守法，积极联合政府各有关职能部门，努力寻找有效的解决办法，以促进我国教育事业健康发展，保证少年儿童健康成长。

第三节　校园安全保护法律规定

■ 一、学校安全

学校有保障学生在校内安全的义务。《未成年人保护法》规定："学校、幼儿园、托儿所应当建立安全制度，加强对未成年人的安全教育，采取措施保障未成年人的人身安全。学校、幼儿园、托儿所不得在危及未成年人人身安全、健康的校舍和其他设施、场所中进行教育教学活动。学校、幼儿园安排未成年人参加集会、文化娱乐、社会实践等集体活动，应当有利于未成年人的健康成长，防止发生人身安全事故。"

学校进行校内安全管理应做到：

（1）完善校园安全制度。学校应当遵守有关安全工作的法律、法规和规章，建立健全校内各项安全管理制度和安全应急机制，及时消除隐患，预防发生事故；

（2）建立安全责任制。学校应当建立校内安全工作领导机构，实行校长负责制；应当设立保卫机构，配备专职或者兼职安全保卫人员，明确其安全保卫职责；

（3）严格门卫制度。学校应当健全门卫制度，建立校外人员入校的登记或者验证制度，禁止无关人员和校

外机动车入内，禁止将非教学用具易燃易爆物品、有毒物品、动物和管制器具等危险物品带入校园；

（4）宿舍安全。有寄宿生的学校应当建立住宿学生安全管理制度，配备专人负责住宿学生的生活管理和安全保卫工作，学校应当对学生宿舍实行夜间巡查、值班制度，并针对女生宿舍安全工作的特点，加强对女生宿舍的安全管理。

（5）集体活动应尽到安全保障义务。学校组织学生参加大型集体活动，应当采取安全措施，准备安全预案，配备相应设施。

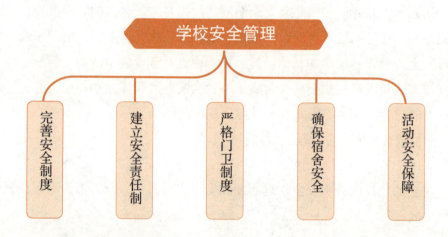

■ 二、学生伤害事故责任

发生学生伤害事故，造成学生人身损害的，学校应当按照《中华人民共和国侵权责任法》及相关法律、法规的规定，承担相应的事故责任。

《侵权责任法》规定："限制民事行为能力人在学校或者其他教育机构学习、生活期间受到人身损害，学校或者其他教育机构未尽到教育、管理职责的，应当承担责任。无民事行为能力人或者限制民事行为能力人在幼儿园、学校或者其他教育机构学习、生活期间，受到幼儿园、学校或者其他教育机构以外的人员人身损害的，由侵权人承担侵权责任；幼儿园、学校或者其他教育机构未尽到管理职责的，承担相应的补充责任。"

青少年在学校学习和生活，其安全应该得到保障。根据上述法律规定，青少年在校园内受到伤害，学校是否承担责任，应该分为两种情况：第一种情况，如果青少年在校内受到伤害，是由学校或教育机构的自身人员造成的，学校未尽到管理职责，应当承担赔偿责任；第二种情况，如果青少年在校内受到伤害，是由学校以外的人员造成的，应该由侵权人直接承担相应责任，但如果学校在管理过程中存在过错，未尽到管理责任，那么应该承担补充责任。

■ 三、学校食品安全

《食品安全法》规定："学校、托幼机构、养老机构、建筑工地等集中用餐单位的食堂应当严格遵守法律、法规和食品安全标准；从供餐单位订餐的，应当从取得食品生产经营许可的企业订购，并按照要求对订购的食品进行查验。供餐单位应当严格遵守法律、法规和食品安全标准，当餐加工，确保食品安全。学校、托幼机构、养老机构、建筑工地等集中用餐单位的主管部门应当加强对集中用餐单位的食品安全教育和日常管理，降低食品安全风险，及时消除食品安全隐患。"

《中小学幼儿园安全管理办法》规定："学校应当严格执行《学校食堂与学生集体用餐卫生管理规定》、《餐饮业和学生集体用餐配送单位卫生规范》，严格遵守卫生操作规范。建立食堂物资定点采购和索证、登记制度与饭菜留验和记录制度，检查饮用水的卫生安全状况，保障师生饮食卫生安全。"

近年来，食品安全问题已成为非常严重的社会问题。2015年，我国出台《食品安全法》，对于食品安全问题提出了明确的法律规范和要求。学校向学生提供餐食，必需符合法律规范和要求，如果造成严重的集体食品安全事件，相关责任人将受到法律的追究。青少年在学校就餐时，若发现食品有问题，则不要食用，应向老师和学校反映，加强对自身的保护。

"木交"车

■ 四、校车安全

　　校车，是指依照法律取得使用许可，用于接送接受义务教育的学生上下学的7座以上的载客汽车。接送小学生的校车应当是按照专用校车国家标准设计和制造的小学生专用校车。

　　《校车安全管理条例》规定："配备校车的学校和校车服务提供者应当建立健全校车安全管理制度，配备安全管理人员，加强校车的安全维护，定期对校车驾驶人进行安全教育，组织校车驾驶人学习道路交通安全法律法规以及安全防范、应急处置和应急救援知识，保障学生乘坐校车安全。由校车服务提供者提供校车服务的，学校应当与校车服务提供者签订校车安全管理责任书，明确各自的安全管理责任，落实校车运行安全管理措施。学校应当将校车安全管理责任书报县级或者设区的市级人民政府教育行政部门备案。

　　学校使用校车，应做到以下几点：（1）学校配备校车，必须按照法律规定取得校车使用许可；（2）校车行驶线路应当尽量避开急弯、陡坡、临崖、临水的危险路段，确实无法避开的，道路或者交通设施的管理、养护单位应当按照标准对上述危险路段设置安全防护设施、限速标志、警告标牌；（3）校车载人不得超过核定的人数，不得以任何理由超员；（4）载有学生的校车在高速公路上行驶的最高时速不得超过80公里，在其他道路上行驶的最高时速不得超过60公里，载有学生的校车在急弯、陡坡、窄路、窄桥以及冰雪、泥泞的道路上行驶，或者遇有雾、雨、雪、沙尘、冰雹等低能见度气象条件时，最高时速不得超过20公里。

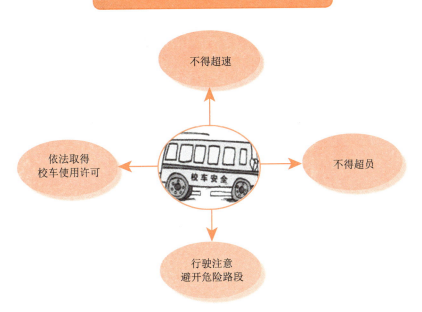

学校使用校车注意事项

不得超速

依法取得校车使用许可

校车安全

不得超员

行驶注意避开危险路段

典型案例

放假期间学生在学校发生危险事故，学校也要负责

康某等四人（均为未成年人）一同进入对外开放的某小学校园内玩耍。

因学校正处在放假期间，没有护校人员和值班老师。康某一行四人擅自进入未上锁、未粘贴警示标志、未配备灭火器等安全器材的学校仪器室。于是，康某等四人用随身携带的打火机在仪器室门口点燃一些废纸等杂物玩耍，康某将存放于仪器室的工业酒精等物抱出点燃玩耍，不慎将酒精沾到身上，与明火接触后，导致康某全身起火烧伤，引发纠纷。

 案例评析

　　法院审理认为，康某四人在没有监护人的监护下，擅自进入学校仪器室并将室内物品及其他杂物进行燃烧，是事故发生的主因，其监护人对此应负有主要责任；但被告某小学对外开放期间，没有安排护校人员，对原告的不当行为未能及时制止，且对仪器室疏于管理，仪器室未上门锁，未粘贴警示标志，未配备灭火器等安全器材是事故发生的次要原因。判决被告某小学赔偿康某经济损失人民币26.0684元。

　　根据法律规定，学校作为教育机构，应当尽到安全保障的义务，这种义务无论是在教学期间还是在放假期间都应当被遵守和履行。教育机构特别是中小学必须履行最高的安全保障义务，包括消除危险、隔离危险、采取其他措施避免对未成年人造成损害等义务。学校应该对学生做好安全教育工作，使学生具备基本的自我保护意识，警惕危险事件。另一方面，青少年也应该努力学习相关的安全常识，提高防范风险的能力，避免危险事故发生。

第四章

青少年社会生活法律知识

TUJIE
QINGSHAONIANFALV ZHISHI

青少年在成长过程中，虽然更多的是在家庭生活和学校生活中度过的，但作为国家的公民，也会参与到社会生活中来。青少年由于心智发展尚不完全，还处于弱势地位，因此在社会生活中容易受到伤害，学习和了解社会生活的规则，就显得非常必要。青少年是未来社会的主力军，熟悉和明确社会生活规则对于适应社会、融入社会，早日成为文明的社会公民有很大帮助。因此，青少年应该认真的学习社会生活法律知识，为建设和谐社会做出贡献。

第一节　青少年的人身权保护

■ 一、青少年的人身权主要内容

人身权是指与人身不可分离的权利，不涉及财产权内容，亦称非财产权。人身权是作为自然人所特有的权利，是公民在人身关系上的体现和反应。人身权主要包括人格权和身份权两大类，其中人格权包括姓名权、名誉

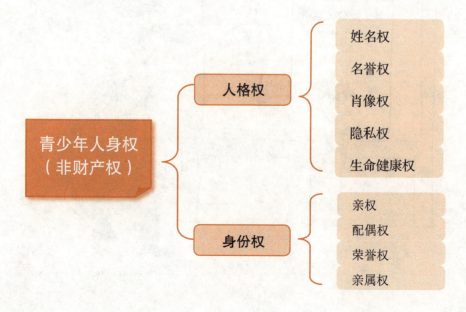

青少年人身权（非财产权）

人格权
- 姓名权
- 名誉权
- 肖像权
- 隐私权
- 生命健康权

身份权
- 亲权
- 配偶权
- 荣誉权
- 亲属权

权、肖像权、隐私权、生命健康权等；身份权包括亲权、配偶权、荣誉权、亲属权等。青少年在社会生活中所涉及到的人身权主要包括姓名权、肖像权、隐私权等。

■ 二、姓名权

《民法通则》规定："公民享有姓名权，有权决定、使用和依照规定改变自己的姓名，禁止他人干涉、盗用、假冒。"公民的姓名权不受侵犯。

青少年在刚出生时，父母都会给其起名字，进行户口登记。但这个名字并不是一成不变的，如果青少年及其父母希望重新变更姓名，也是允许的。对于未满十八周岁的青少年，变更姓名需要由本人或者父母、收养人向户口登记机关申请变更登记。只要符合法律规定，是可以进行姓名变更的。

对于随父姓还是随母姓的问题，《婚姻法》规定："子女可以随父姓，可以随母姓。"跟随父姓或母姓是平等的，不影响青少年与父母的抚养关系。需要注意的是，在父母离异后，改姓继父或继母姓氏的情况下，会受到一定影响。法律规定，父母不得因子女变更姓氏而拒付子女抚育费。父或母一方擅自将子女姓氏改为继母或继父姓氏而引起纠纷的，应责令恢复原姓氏。

当然，姓名权是公民人身权利的一部分，是公民作为自然人固有的权利，因此青少年在成年以后，有进行姓名更改的权利，不受他人干涉。

■ 三、肖像权

肖像权是指自然人对自己的肖像享有再现、使用并排斥他人侵害的权利。公民拥有自己的肖像权，有的行为制作和使用个人肖像专有权，有权禁止他人非法使用自己的肖像权或对肖像权进行损害、玷污。

社会生活中，在摄影制作、广告宣传、产品包装上，有使用青少年照片或视频等的营利行为，涉及到青少年的肖像权，因此必须取得青少年本人或家长的同意，在符合法律的情况下才可以使用。《广告法》规定："不得利用不满十周岁的未成年人作为广告代言人；针对不满十四周岁的未成年人的商品或者服务的广告不得含有下列内容：①劝诱其要求家长购买广告商品或服务；②可能引发其模仿不安全行为。"

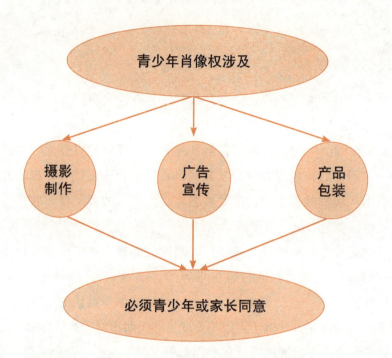

■ 四、隐私权

隐私权是指自然人享有的私人生活安宁与私人信息秘密依法受到保护，不被他人非法侵扰、知悉、收集、利用和公开的一种人格权，隐私权是一种基本人格权利。青少年虽然年龄未成年，但作为国家的公民，同样受到隐私权的保护。

《未成年人保护法》规定："任何组织或者个人不得披露未成年人的个人隐私。对未成年人的信件、日记、电子邮件，任何组织或者个人不得隐匿、毁弃；除因追查犯罪的需要，由公安机关或者人民检察院依法进行检查，或者对无行为能力的未成年人的信件、日记、电子邮件由其父母或者其他监护人代为开拆、查阅外，任何组织或者个人不得开拆、查阅。"

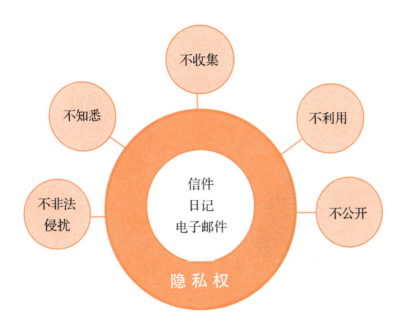

另外，青少年的隐私权也对父母提出了严格的要求。由于现代社会数码电子产品普及、网络通讯的发达，很多家长出于对子女的"喜爱"，大量在互联网中公开未成年子女的照片和视频片段，甚至包括儿童的"裸体"照片、"如厕"照片等，这些行为虽未营利，但却暴露了青少年的个人隐私，对青少年的个人成长不利。因此，青少年对于家长"晒照片"的行为，可以表示反对，学会保护自己的隐私。

 典型案例

父母晒娃照片，侵犯隐私权

随着互联网科技的发展，特别是微信朋友圈的兴起，很多家长热衷于在微信上贴出自己孩子的照片，或者干脆用孩子的照片作为自己的头像。在"晒"出的图片中，孩子的表情各异，有哭有笑，甚至还有裸体照，十分"不雅"。在图片信息中，家长会提到孩子的名字、就读的幼儿园或学校名字，暴露家庭住址等，实际上，这些父母并没有意识到这其实正在侵犯孩子的隐私权。

禁传裸照

案例评析

《中华人民共和国侵权责任法》规定，隐私权作为民事权益的一种，不受侵害。未经公民许可，公开其姓名、肖像、住址、身份证号码和电话号码，私拍他人私生活镜头，泄露公民的个人材料或公诸于众或扩大公开范围，这些都是侵犯公民隐私权的行为，是违法的，严重的要承担侵权责任。实际上，家长作为未成年人的监护人，并没有公开子女隐私信息的权利，这些家长也没有意识到，犯罪分子可以通过这些晒幸福的照片，搜索出孩子的名字、家庭住址、学校甚至其他个人信息，从而进行犯罪活动。法国隐私法专家近日发出警告称，法国的父母们若在社交网络上"晒"出自己儿女的照片，得考虑一下儿女会不会在长大后，以侵犯隐私为由将父母告上法庭，从而面临重罚甚至牢狱之灾。可见，对于未成年人隐私权的保护已经成为全球的问题，青少年当遇到这种情况时，要敢于向家长表示反对，以维护自己的隐私权。

第二节　青少年的劳动权保护

■ 一、青少年参加社会工作的条件

公民参与社会劳动与普通的家务劳动、个人劳动不同。家务劳动、个人劳动的随机性很强，可以自由安排，能够进行自我保护。但是参与社会劳动，成为真正的劳动者，受聘于用人单位，就要接受劳动纪律的制约，服从用人单位的管理，要有规则地进行劳动输出，创造社会财富。因此，进行社会劳动要具备劳动权利能力和行为能力，只有达到一定年龄、具有一定劳动能力的自然人才能成为法律规定的劳动者。

青少年由于年龄和智力发育不成熟，并不能直接参与社会劳动。当青少年达到了一定年龄，身体和心理得到发展，具备了一定的文化知识和劳动能力才可以受聘于用人单位。我国《劳动法》规定："禁止用人单位招用未满十六周岁的未成年人。文艺、体育和特种工艺单位招用未满十六周岁的未成年人，必须依照国家有关规定，履行审批手续，并保障其接受义务教育的权利。"因此，青少年只有达到了十六周岁，才具备参与社会劳动的条件。

特殊情况下，如果用人单位属于文艺、体育以及特种工艺的单位，在确需招用未满十六周岁的青少年的，必须依照国家的有关规定，履行相应手续，并进行未成年人的特殊劳动保护。

　　用人单位禁止非法聘用未满十六周岁的童工。用人单位使用童工的，由劳动保障行政部门按照每使用一名童工每月处5000元罚款的标准给予处罚；劳动保障行政部门并应当责令用人单位限期将童工送回原居住地交其父母或者其他监护人，所需交通和食宿费用全部由用人单位承担。用人单位经劳动保障行政部门依照前款规定责令限期改正，逾期仍不将童工送交其父母或者其他监护人的，从责令限期改正之日起，由劳动保障行政部门按照每使用一名童工每月处1万元罚款的标准处罚，并由工商行政管理部门吊销其营业执照或者由民政部门撤销民办非企业单位登记；用人单位是国家机关、事业单位的，由有关单位依法对直接负责的主管人员和其他直接责任人员给予降级或者撤职的行政处分或者纪律处分。

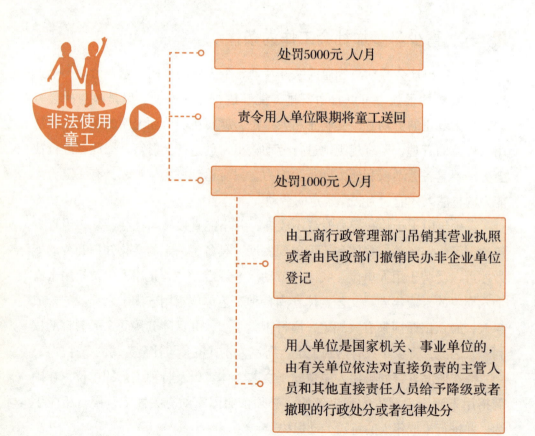

非法使用童工

处罚5000元 人/月

责令用人单位限期将童工送回

处罚1000元 人/月

由工商行政管理部门吊销其营业执照或者由民政部门撤销民办非企业单位登记

用人单位是国家机关、事业单位的，由有关单位依法对直接负责的主管人员和其他直接责任人员给予降级或者撤职的行政处分或者纪律处分

■ 二、未成年工的劳动保护

（一）未成年工的工作禁忌

青少年参与社会劳动，由于未达到十八周岁，其身心健康与成年劳动者不同，应该受到特殊保护。《未成年人保护法》规定："任何组织或者个人按照国家有关规定招用已满十六周岁未满十八周岁的未成年人的，应当执行国家在工种、劳动时间、劳动强度和保护措施等方面的规定，不得安排其从事过重、有毒、有害等危害未成年人身心健康的劳动或者危险作业。"

根据相关劳动法律，未成年工不得从事下列劳动：不得安排未成年工从事矿山井下、有毒有害、国家规定的第四级体力劳动强度的劳动和其他禁忌从事的劳动。《未成年工特殊保护规定》对未成年工禁忌从事的劳动范围作了具体规定。依照该规定："用人单位不得安排未成年工从事以下范围的劳动：（1）《生产性粉尘作业危害程度分级》国家标准中第一级以上的接尘作业；（2）《有毒作业分级》国家标准中第一级以上的有毒作业；（3）《高处作业分级》国家标准中第二级以上的高处作业；（4）《冷水作业分级》国家标准中第二级以上的冷水作业；（5）《高温作业分级》国家标准中第三级以上的高温作业；（6）《低温作业分级》国家标准中第三级以上的低温作业；（7）《体力劳动强度分级》国家标准中第四级体力劳动强度的作业；（8）矿山井下及矿山地面采石作业；（9）森林业中的伐木、流放及守林作业；（10）工作场所接触放射性物质的作业；（11）有易燃易爆、化学性烧伤和热烧伤等危险性大的作业；（12）地质勘探和资源勘探的野外作业；（13）潜水、涵洞、涵道作业和海拔3000米以上的高原作业（不包括世居高原者）；（14）连续向重每小时6次以上并每次超过20公斤，间断负重每次超过25公斤的作业；（15）使用凿岩机、捣固机、气镐、气铲、铆钉机、电锤的作业；（16）工作中需要长时间保持低头、弯腰、上举、下蹲等强迫体位和动作频率每分钟大于50次的流水的作业；（17）锅炉司炉。"

未成年工不得从事下列劳动	未成年工禁忌从事的劳动范围具体规定
从事矿山井下 有毒有害 国家规定的第四级体力劳动强度的劳动 其他禁忌从事的劳动	（1）《生产性粉尘作业危害程度分级》国家标准中第一级以上的接尘作业
	（2）《有毒作业分级》国家标准中第一级以上的有毒作业
	（3）《高处作业分级》国家标准中第二级以上的高处作业
	（4）《冷水作业分级》国家标准中第二级以上的冷水作业
	（5）《高温作业分级》国家标准中第三级以上的高温作业
	（6）《低温作业分级》国家标准中第三级以上的低温作业
	（7）《体力劳动强度分级》国家标准中第四级体力劳动强度的作业
	（8）矿山井下及矿山地面采石作业
	（9）森林业中的伐木、流放及守林作业
	（10）工作场所接触放射性物质的作业
	（11）有易燃易爆、化学性烧伤和热烧伤等危险性大的作业
	（12）地质勘探和资源勘探的野外作业
	（13）潜水、涵洞、涵道作业和海拔3000米以上的高原作业不包括世居高原者
	（14）连续向重每小时6次以上并每次超过20公斤，间断负重每次超过25公斤的作业；
	（15）使用凿岩机、捣固机、气镐、气铲、铆钉机、电锤的作业
	（16）工作中需要长时间低头、弯腰、上举、下蹲等强迫体位和动作频率每分钟大于50次的流水作业
	（17）锅炉司炉

（二）对未成年工进行定期健康检查

由于未成年工尚处于生长发育期，过重的劳动量和过大的劳动消耗都可能对其身体造成影响，必须对未成年工进行定期健康检查，如果发现其身体状况不适合该工作，应及时进行调整。《劳动法》第六十五条规定："用人单位应当对未成年工定期进行健康检查。"《未成年工特殊保护规定》对于用人单位对未成年工定期进行健康检查作了具体规定。

（三）对未成年工的使用和特殊保护实行登记制度

国家对未成年工的使用和特殊保护实行登记制度。要求用人单位招收使用未成年工，除符合一般用工要求外，还需向所在地的县以上劳动行政主管部门办理登记。劳动行政主管部门根据未成年工健康检查表、未成年工登记表，核发未成年工登记证，未成年工须持未成年工登记证上岗。

（四）未成年劳动者教育权的保护

《义务教育法》规定："禁止用人单位招用应当接受义务教育的适龄儿童、少年。根据国家有关规定经批准招收适龄儿童、少年进行文艺、体育等专业训练的社会组织，应当保证所招收的适龄儿童、少年接受义务教育；自行实施义务教育的，应当经县级人民政府教育行政部门批准。"

《未成年人保护法》规定："未成年人已经完成规定年限的义务教育不再升学的，政府有关部门和社会团体、企业事业组织应当根据实际情况，对他们进行职业教育，为他们创造劳动就业条件。"

 **典型案例**

未成年人打工患职业病获得赔偿

李某系湖北黄冈人，刚满16周岁，就到武汉一鞋业有限公司从事鞋制品翻后围打胶工作。双方未签订书面劳动合同，约定每月平均工资1200元，鞋业公司也没有为李某办理和缴纳社会保险。务工后不久，李某因四肢麻木无力，先后四次到武汉市医院住院治疗，前后共计473天。后经武汉市职业病防治院、市职业病诊断鉴定委员会分别作出职业病诊断证明书和鉴定书，认定李某为职业性慢性正已烷重度中毒。随后，武汉市人保局、市劳动能力鉴定委员会分别作出工伤认定书和职工劳动能力鉴定书，分别认定李某为工伤以及四级伤残，生活护理等级为部分护理依赖。经法院审理后，判决李某与鞋业公司签订无固定期限劳动合同、鞋业公司依规为李某缴纳社保；鞋业公司按月支付李某伤残津贴1649.75元，支付一次性伤残补助金、医疗费、停工留薪工资待遇、住院期间护理费等共计12.5万余元。

 案例评析

　　保障劳动者权益，尤其是保障未成年劳动者的权益，是我国劳动法律制度的重点。现阶段，仍有一些企业守法意识差，不按照规定执行未成年工的劳动保护制度，甚至造成事故或职业病伤害。因此，切实保障劳动者权益，尤其是未成年劳动者的权益，一方面需要用人单位自律，将劳动法律法规作为企业生存、发展的根本线，另一方面要求劳动监察部门加大执法监管力度，严格执法，通过外部监督约束企业。同时，对于青少年来说，在从事社会劳动之前，应该熟知相关法律知识，了解自身的劳动保护权益，明确劳动纠纷的解决途径，以保护自身的身体健康不受侵害，健康成长。

第三节　青少年保险法律知识

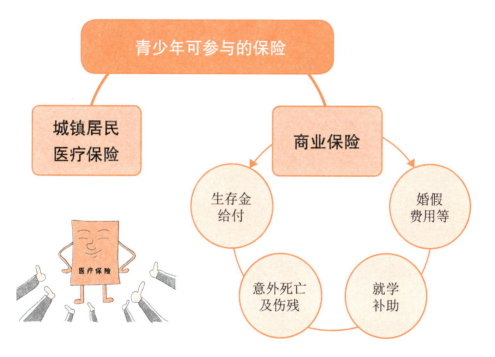

■ 一、城镇居民医疗保险

城镇居民医疗保险是以没有参加城镇职工医疗保险的城镇未成年人和没有工作的居民为主要参保对象的医疗保险制度。传统的社会保险由于需要达到十八周岁才可以参与，因此对于青少年来说，不能参与。但是，从广义社会保险的角度，青少年作为普通的城镇居民，可以参加城镇居民医疗保险，享受医疗保险待遇。

意外保险

儿童交通意外

保险合同

保护"伞"

■ 二、商业保险

保险是一种分摊意外事故损失的保障机制，可以防患于未然，随着现代金融行业的发展，保险也成为一种理财方式，得到广泛推广。未成年人没有稳定经济收入，不具备完全的民事行为能力，因此不能够作为投保人购买保险。但是，保险法律规定父母为子女购买人身保险具有保险利益，因此未成年人可以成为被保险人，在发生保险事故时，享有保险赔付的权利。

1、保险种类

随着保险行业的发展，各家商业保险公司纷纷推出了以未成年人为保险对象的产品，这种保险多被称为少儿保险。少儿保险以未成年人作为被保险人，用于解决其成长过程中所需要的教育、创业、婚嫁费用，以及应付孩子可能面临的疾病、伤残、死亡等风险。在现有的保险产品中，主要包括生存金给付、意外死亡及伤残、就学补助、婚假费用等内容，形成多功能的一揽子保险项目。

2、父母可以为子女投保以死亡为条件的人身保险

保险法律规定，父母为其未成年子女投保的人身保险，可以包括以为子女投保以死亡为条件给付保险金的人身保险。但是，因被保险人死亡给付的保险金总和不得超过国务院保险监督管理机构规定的限额。由于青少年年龄未成年，行为能力受到限制，因此，父母为其未成年子女投保的人身保险，可以不经子女同意并认可，可以不需要子女签字。

为预防道德风险：《中国保监会关于父母为其未成年了女投保以死亡为给付保险金条件人身保险有关问题的通知》规定："对于被保险人不满10周岁的，不得超过人民币20万元；对于被保险人已满10周岁但未满18周岁的，不得超过人民币50万元。"

为预防道德风险：《中国保监会关于父母为其未成年子女投保以死亡为给付保险金条件人身保险有关问题的通知》规定	
被保险人不满10周岁的	不得超过人民币20万元
对于被保险人已满10周岁但未满18周岁的	不得超过人民币50万元

3、保险受益人

人身保险的受益人由被保险人或者投保人指定。被保险人为无民事行为能力人或者限制民事行为能力人的，可以由其监护人指定受益人。因此，父母为子女缴纳人身保险，可以由子女指定受益人，也可以由父母指定受益人。

典型案例

少年在学校大扫除摔断腰，保险公司应理赔

董某是郑州市某中学的初中生。一天下午，学校组织学生大扫除，董某站在二楼的窗户擦玻璃，却不慎坠下，造成腰椎骨折，构成九级伤残，住院57天。董某在上学期间，学校为其有购买校方责任险。但是对于赔偿事宜，董某和中学以及保险公司之间却没有达成一致意见，故董某诉至法院。

案例评析

学校作为学生的管理机构，在学生进行大扫除活动时应该尽到管理、预防、保护等义务，由于该校在这方面存在疏忽，造成伤害事故，应该对董某所受损害承担相应赔偿责任。由于该中学在被告保险公司投保有地方性校方责任保险，由该中学承担的赔偿责任应由承保地方性校方责任险的保险公司根据合同约定先行赔偿；不足部分，由该中学予以赔偿。近年来我国保险行业发展迅速，保险作为分摊灾害事故造成的损失，以实现经济补偿的保障手段日益受到大众的认可。在某些保险事故的理赔方面，由于证据材料等原因可能发生保险纠纷，这就要求青少年及其父母要充分了解保险的相关法律政策，熟悉明确保险合同，在保险事故发生时，能够充分发表自己的意见，从而有效获得赔偿，以减少事故的损害，实现保险利益。

第五章

青少年旅游、
出行与消费法律知识

TUJIE
QINGSHAONIANFALV ZHISHI

丢弃的"文明"

　　改革开放三十年来，我国的社会经济迅猛发展，社会生活日新月异，百姓生活水平逐渐提高，人们的出行越来越便捷，消费能力和消费层次有了很大的改善，更多的人们开始享受精神生活，旅游活动越来越丰富。青少年在社会活动中，免不了交通出行，也要进行适当的生活消费，还会在家人的带领下享受外出旅行的快乐。因此，青少年在出行、消费以及旅游的行为中，应该了解相关的法律法规，树立安全的出行、消费以及旅游观念，切不可以掉以轻心，酿成悲剧。

第一节　交通出行法律知识

　　出行是生活中必不可少的活动。现今随着社会发展，路上的交通工具越来越多，这就要求青少年出行要随时注意安全，做好交通安全的防范，无论是在走路、骑车还是坐车时，都要遵守交通规范，保证交通安全。《道路交通安全法》要求各级人民政府应当经常进行道路交通安全教育，提高公民的道路交通安全意识。青少年要接受交通安全教育，掌握安全出行本领。

■ 一、正确识别道路交通标志

我国实行统一的道路交通信号。交通信号包括交通信号灯、交通标志、交通标线和交通警察指挥。车辆、行人应当按照交通信号通行；遇有交通警察现场指挥时，应当按照交通警察的指挥通行；在没有交通信号的道路上，应当在确保安全、畅通的原则下通行。

闯红灯危险

交通信号灯由红灯、绿灯、黄灯组成。红灯表示禁止通行，绿灯表示准许通行，黄灯表示警示。对于人行横道上的信号灯，遵守下列原则：（1）绿灯亮时，准许行人通过人行横道；（2）红灯亮时，禁止行人进入人行横道，但是已经进入人行横道的，可以继续通过或者在道路中心线处停留等候。对于机动车信号灯和非机动车信号灯要注意：（1）绿灯亮时，准许车辆通行，但转弯的车辆不得妨碍被放行的直行车辆、行人通行；（2）黄灯亮时，已越过停止线的车辆可以继续通行；（3）红灯亮时，禁止车辆通行；（4）在未设置非机动车信号灯和人行横道信号灯的路口，非机动车和行人应当按照机动车信号灯的指示通行；（5）红灯亮时，右转弯的车辆在不妨碍被放行的车辆、行人通行的情况下，可以通行。青少年在出行时，一定要严格遵守信号灯的通行规则，养成良好的道路文明习惯，不要因为赶时间或轻信不会有危险而冒险为之，以免发生事故。

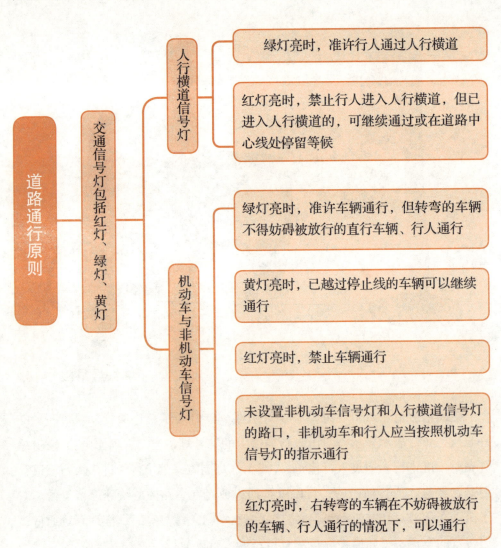

■ 二、行走安全注意事项

青少年在路上行走要注意：（1）在道路上行走，要走人行道；没有人行道的道路，要靠路边行走；（2）集体外出时，要有组织、有秩序地列队行走；结伴外出时，不要相互追逐、打闹、嬉戏；行走时要专心，注意周围情况，不要东张西望、边走边看书报或做其他事情；（3）在没有交通民警指挥的路段，要学会避让机动车辆，不与机动车辆争道抢行；（4）小学生在放学排路队时要头戴小黄帽，在雾、雨、雪等天气，最好穿着色彩鲜艳的衣服，以便于机动车司机尽早发现目标，提前采取安全措施。

青少年路上行走注意事项

1. 在道路上行走，要走人行道；没有人行道的道路，要靠路边行走

2. 集体外出时，要有组织、有秩序地列队行走；注意周围情况，不要东张西望或做其他事情

3. 在没有交通民警指挥的路段，要学会避让机动车辆，不与机动车辆争道抢行

4. 小学生在放学排路队时要头戴小黄帽，在雾、雨、雪等天气，最好穿着色彩鲜艳的衣服，以便于机动车司机尽早发现目标，提前采取安全措施。

青少年在横穿马路时应注意：（1）穿越马路，要听从交通民警的指挥；要遵守交通规则，做到"绿灯行，红灯停"；（2）穿越马路，要走人行横道线；在有过街天桥和地下通道的路段，应自觉走过街天桥和地下通道；（3）穿越马路时，要走直线，不可迂回穿行；（4）在没有人行横道的路段，应先看左边，再看右边，在确认没有机动车通过时才可以穿越马路；（5）不要翻

越道路中央的安全护栏和隔离墩，更不能在马路上滑滑板；（6）不要突然横穿马路，特别是马路对面有熟人、朋友呼唤，或者自己要乘坐的公共汽车已经进站，千万不能贸然行事，以免发生意外；（7）学龄前儿童以及不能辨认或者不能控制自己行为的精神疾病患者、智力障碍者在道路上通行，应当由其监护人、监护人的委托人或者对其负有管理、保护职责的人带领。

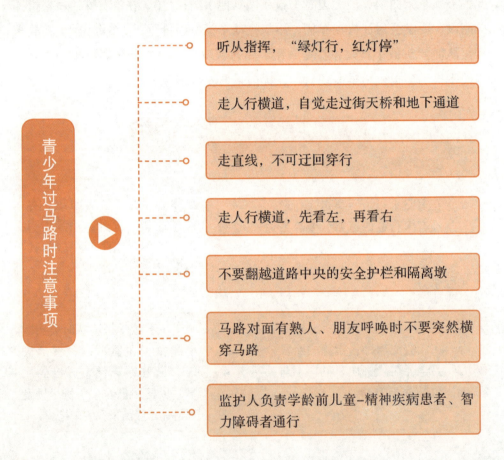

青少年过马路时注意事项

- 听从指挥，"绿灯行，红灯停"
- 走人行横道，自觉走过街天桥和地下通道
- 走直线，不可迂回穿行
- 走人行横道，先看左，再看右
- 不要翻越道路中央的安全护栏和隔离墩
- 马路对面有熟人、朋友呼唤时不要突然横穿马路
- 监护人负责学龄前儿童–精神疾病患者、智力障碍者通行

■ 三、骑行安全

我国是自行车数量最多的国家，青少年在日常交通或锻炼中也会采取骑行的方式出行。自行车结构简单、稳定性差，因此是交通工具中存在安全隐患较大的一种。在我国，少年儿童年满十二周岁，方能在道路上骑自行车，并要

遵守交通规则，在专用自行车道或慢车道上骑车。骑车时要关注周围车辆或行人，不要追逐打闹。

对于青少年是否可以驾驶电动车，我国法律规定，驾驶电动自行车必须年满十六周岁。因此，未达到十六周岁的青少年，不可以驾驶电动车。电动自行车在非机动车道内行驶时，最高时速不得超过每小时15公里。

■ 四、乘车安全

乘坐公共汽车要注意：（1）乘坐公共汽（电）车，要排队候车，按先后顺序上车，不要拥挤，上下车均应等车停稳以后，先下后上，不要争抢；（2）不要把汽油、爆竹等易燃易爆的危险品带入车内；（3）乘车时不要把头、手、胳膊伸出车窗外，以免被对面的来车或路边树木等刮伤；也不要向车窗外乱扔杂物，以免伤及他人；（4）乘车时要坐稳扶好，站立时，要双脚自然分开，侧向站立，手应握紧扶手，以免车辆紧急刹车时摔倒受伤。

乘坐公共汽车时
应注意

01 排队候车，按先后顺序上车；上下车应等车停稳，先下后上

不要把汽油、爆竹等易燃易爆的危险品带入车内 02

03 不要把头、手、胳膊伸出车窗外，也不要向车窗外乱扔杂物

要坐稳扶好，站立时，双脚自然分开，侧向站立，手应握紧扶手 04

在乘坐私家车辆时，也要注意安全。目前，部分地区已经出台了一些未成年人乘车的保护规定，如上海、深圳、南京、海南、山东等地均规定：未满十二周岁的未成年人不得被安排坐在副驾驶座位；未满四周岁的未成年人乘坐家庭乘用车，应当配备并正确使用儿童安全座椅。

未满十八周岁的成年人，不具有申领驾驶执照的资格，因此，不允许未成年人驾驶机动车上路行驶。

未满四周岁的未成年人：
　　乘坐家庭乘用车时，应当配备并正确使用儿童安全座椅

未满十二周岁的未成年人：
　　不得被安排坐在副驾驶座位

未满十八周岁的未成年人：
　　不具有申领驾驶执照的资格

 典型案例

横穿马路引发的交通事故

中午放学时分，重庆市江北区某小学学前班的6岁男生杨某，随爷爷一起走出了学校的大门。途中，杨某偶遇母亲在马路对面召唤，于是挣脱了爷爷牵着他的手，向马路对面飞奔而去。不料，在刚刚跨进马路主路两步时，路的左侧突然飞驰来了一辆北京牌吉普车，将杨某撞倒并从他幼小的身体上碾压了过去，杨某当场死亡。

案例评析 ....

　　斑马线被视作"生命的绿洲"，之所以设立它，是为了保护行人在这一区域的绝对安全，以彰显"生命高于一切"的理念。但现实中，很多行人无视斑马线的设置，随意横穿马路，甚至翻越路中栅栏强行横穿马路，造成严重的交通事故。青少年在学习成长时期，一定不要效仿不良的交通违法行为，要遵守交通规则，不要有侥幸心理，养成文明的通行习惯，确保自己免受伤害。

第二节　消费法律知识

　　根据《消费者权益保护法》规定，消费者为生活消费需要购买、使用商品或者接受服务，其权益受本法保护。青少年在日常生活中进行生活消费是必不可少的，因此，作为消费者，青少年的消费权益受到法律的保护。

■　一、消费者的权利

　　青少年作为消费者，与成人消费者具有的权利是相同的。消费者享有的权利主要包括安全保障权、知悉真情权、自主选择权、公平交易权、获得赔偿权、七天无理由退货制度等。

　　1. 安全保障权。消费者在购买、使用商品和接受服务时享有人身、财产安全不受损害的权利。青少年在购买商品时要注意：（1）食品、药品、化妆品类产品要符合国家规定的卫生安全标准。青少年不要随便购买不合格的食品、药品及化妆品，以免对身体健康造成损害；（2）电器、机械用品等产品具有安全性保障措施。由于青少年知识储备不充分，不要轻易单独购买和使

"五指"大山

用电器、机械类用品，以免发生危害；（3）消费环境应该达到安全标准。青少年在进行消费时，尽量选择正规的消费场所，提高安全意识。

2. 知悉真情权。消费者享有知悉其购买、使用的商品或者接受服务的真实情况的权利。青少年在进行消费时，要认真了解商品的信息，做明明白白的消费者，可以从以下几个方面对商品和服务进行了解：（1）关于商品或者服务的基本情况；（2）有关商品的技术指标情况；（3）商品的售后服务情况。

3. 自主选择权。消费者享有自主选择商品或者服务的权利。选择权的表现为：（1）有权自主选择提供商品或者服务经营者；（2）有权自主选择商品的品种或者服务方式；（3）有权自主决定购买或者不购买任何一种商品，或是否接受某种服务；（4）有权进行比较、鉴别和挑选。青少年在购买商品时，可以进行货比三家，可以选择不同的消费方式，可以在实体店消费也可以进行网购。

4. 公平交易权。消费者享有公平交易的权利。青少年在购买商品时，要检查消费商品的质量、比对价格，还应该注意缺斤短两的问题，以实现公平交易权。

5. 获得赔偿权。消费者因购买、使用商品或者接受服务受到人身、财产损害的，享有依法获得赔偿的权利。经营者提供商品或者服务有欺诈行为的，应当按照消费者的要求增加赔偿其受到的损失，增加赔偿的金额为消费者购买商品的价款或者接受服务的费用的三倍；增加赔偿的金额不足五百元的，按五百元计算。法律另有规定的，依照其规定。因此，青少年在消费过程中遭受到欺诈，可以要求增加赔偿的数额，以维护自身的合法权益。

6. 七天无理由退货制度。根据新的《消费者权益保护法》的规定，如果青少年采用网络、电视、电话、邮购等方式进行消费的，有权自收到商品之日起七日内退货，且无需说明理由，但下列商品除外：（1）消费者定做的；（2）鲜活易腐的；（3）在线下载或者消费者拆封的音像制品、计算机软件等数字化商品；（4）交付的报纸、期刊。在退货时，应该保持商品完好。

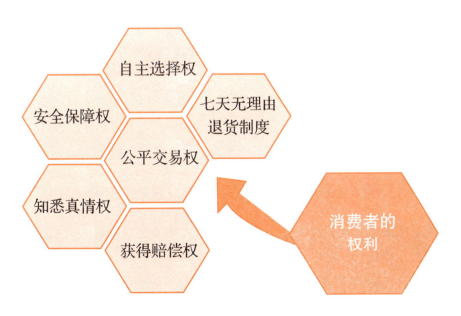

■ 二、消费者争议的解决途径

青少年在消费过程中，如果遇到消费纠纷，应该妥善采取解决纠纷的方法。青少年可以首先与经营者进行协商，如果经营者提供的商品或者服务不符合质量要求的，青少年可以依照国家规定以及约定退货，或者要求经营者履行更换、修理等义务。没有国家规定和当事人约定的，青少年可以自收到商品之日起七日内退货；七日后符合法定解除合同条件的，消费者可以及时退货；不符合法定解除合同条件的，可以要求经营者履行更换、修理等义务。

如果通过和解无法解决纠纷，青少年可以在父母的支持下请求消费者协会调解，或者向有关行政部门申诉，或者还可以采取仲裁或诉讼的方式来解决。

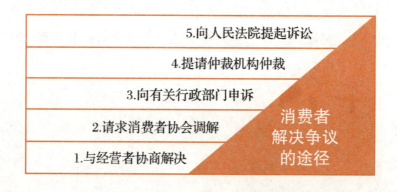

5.向人民法院提起诉讼
4.提请仲裁机构仲裁
3.向有关行政部门申诉
2.请求消费者协会调解
1.与经营者协商解决

消费者
解决争议
的途径

✉ 典型案例

未成年人应该理性消费

新会区陈先生的女儿（初三学生）独自在新会区某手机店购买了某品牌智能手机，价值1900元，由于陈先生女儿是用压岁钱购买的手机，故在陈先生发现该情况时，已经是过了半个月。陈先生带着手机和票据向商家协商，未果。之后在相关单位的协调下，经协商在同意扣除300元折旧费后，商家退回了1600元手机款给陈先生。

案例评析

对于未成年人消费者，其年龄尚未成年，属于限制民事行为能力人。由于未成年人在消费观念上缺乏理性，在购买行为上缺乏选择和判断力，因此其独立的购买行为在效力上存在瑕疵。作为经营者在没有监护人陪同许可下，不应该向未成年人销售超过其支付能力的高价商品。因此，本案在没有得到陈某父母的确认下，合同无效，故商家应该退回。另一方面，未成年人的家长也应该尽到监护职责，不要让青少年支配与其年龄不符的大量货币金额；青少年也应该树立正确的消费观念，不草率购物，造成不必要的损失。

第三节　旅游法律知识

■ 一、青少年旅游权益

国家根据未成年人身心发展特点给予特殊、优先保护，保障未成年人的合法权益不受侵犯。因此，青少年在旅游过程中，会享受到一定的优待。

《未成年人保护法》规定，爱国主义教育基地、图书馆、青少年宫、儿童活动中心应当对未成年人免费开放；博物馆、纪念馆、科技馆、展览馆、美术馆、文化馆以及影剧院、体育场馆、动物园、公园等场所，应当按照有关规定对未成年人免费或者优惠开放。

青少年在旅游过程中，依照法律法规和有关规定享受便利和优惠。实行政府定价、政府指导价管理的游览参观点，对未成年人及学生应适当优惠，对儿童实行免票。具体为：对6周岁（含6周岁）以下或身高1.2米（含1.2米）

以下的儿童实行免票；对6周岁（不含6周岁）至18周岁（含18周岁）未成年人、全日制大学本科及以下学历学生实行半票。列入爱国主义教育基地的游览参观点，对大、中、小学学生集体参观实行免票。鼓励实行市场调节价的游览参观点参照上述规定对青少年给予票价优惠。

另外，相关旅游法律制度要求旅游经营者组织、接待未成年人旅游者，应当采取相应的安全保障措施。

未成年人及学生
旅游中享受的优惠

对6周岁（含6周岁）以下或身高1.2米（含1.2米）以下的儿童实行免票

对6周岁（不含6周岁）至18周岁（含18周岁）未成年人、全日制大学本科及以下学历学生实行半票

■ 二、青少年文明旅游义务

为推进旅游诚信建设工作，提升公民文明出游意识，我国制定了相应的法律规范。因此，青少年在出行时要遵守相应的法律法规，做文明出行的旅游者。

1.不文明旅游行为。下列行为被认定为不文明旅游行为：（1）扰乱公共汽车、电车、火车、船舶、航空器或者其他公共交通工具秩序；（2）破坏公共环境卫生、公共设施；（3）违反旅游目的地社会风俗、民族生活习惯；（4）损毁、破坏旅游目的地文物古迹；（5）参与赌博、色情等活动；（6）严重扰乱旅游秩序的其他情形。

🚫 扰乱公共汽车、火车、船舶、航空器等公共交通工具秩序

🚫 破坏公共环境卫生、公共设施

🚫 违反旅游目的地社会风俗、民族生活习惯

🚫 损毁、破坏旅游目的地文物古迹

🚫 参与赌博、色情活动等

🚫 严重扰乱旅游秩序的其他情形

不文明旅游行为

如果青少年在旅游活动中因上述行为受到行政处罚、法院判决承担责任的，或造成严重社会不良影响的，应当纳入旅游部门的"游客不文明行为记录"，即进入"黑名单"。"游客不文明行为记录"信息实行动态管理；"游客不文明行为记录"信息保存期限视游客不文明行为情节及影响程度确定，期限自信息核实之日起计算；"游客不文明行为记录"形成后，旅游主管部门应将"游客不文明行为记录"信息通报游客本人，提示其采取补救措施，挽回不良影响；必要时向公安、海关、边检、交通、人民银行征信机构等部门通报。

因此，青少年在旅游出行过程中一定要遵守相应规范，做文明旅游公民，否则一旦进入"黑名单"将会影响青少年的个人信用，影响社会对个人的道德评判，甚至对日后的一些社会权利都会造成损害。

青少年旅游出行，应该牢记《中国公民国内旅游文明行为公约》，以此作为行动规范。

1. 受护环境卫生。不随地吐痰和口香糖，不乱扔废弃物，不在禁烟场所吸烟。

"及时"新规

2. 遵守公共秩序。不喧哗吵闹，排队遵守秩序，不并行挡道，不在公众场所高声交谈。

3. 保护生态环境。不踩踏绿地，不摘折花木和果实，不追捉、投打、乱喂动物。

4. 保护文物古迹。不在文物古迹上涂刻，不攀爬触摸文物，拍照摄像遵守规定。

5. 爱惜公共设施。不污损客房用品，不损坏公用设施，不贪占小便宜，节约用水用电，用餐不浪费。

6. 尊重别人权利。不强行和外宾合影，不对着别人打喷嚏，不长期占用公共设施，尊重服务人员的劳动，尊重各民族宗教习俗。

7. 讲究以礼待人。衣着整洁得体，不在公共场所袒胸赤膊；礼让老幼病残，礼让女士；不讲粗话。

8. 提倡健康娱乐。抵制封建迷信活动，拒绝黄、赌、毒。

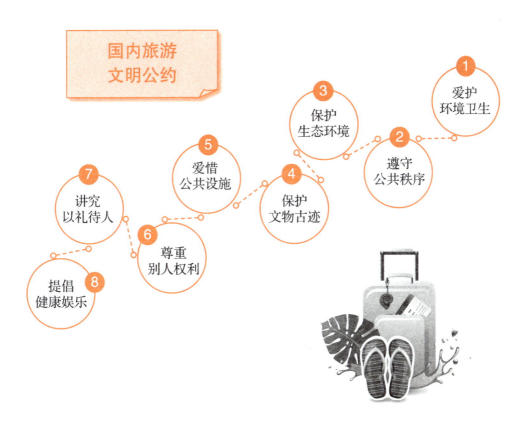

典型案例

未成年人参团旅游旅行社需承担监护责任

为丰富假期生活，王某和该班十几名同学在征得家长同意后一起参加了某旅行社为期一周的夏令营活动，父母、老师均未跟从旅程，直接交由旅行社看管。其间，王某与同学发生语言冲突，其他同学试图劝说平息事态时，又继发肢体冲突，导致多名同学身体遭受皮外伤，其中王某受伤较重被送往医院治疗。父母得知发生伤害事件后，要求旅行社赔偿医疗费及精神损害费。旅行社认为自己不是侵权人，应当由侵权人的父母承担责任，受害人父母不认可旅行社的观点。

案例评析

由于父母等监护人未随团旅游，学校老师也没有参与管理学生，学生脱离于监护人的监护视野，但监护义务不能被免除。旅行社接受未成年人参与团队夏令营，事实上监护义务暂时转移给了旅行社，旅行社应当尽到照管义务。因此本案中旅行社应该负有一定的赔偿责任。

第六章

青少年违法与犯罪法律知识

TUJIE
QINGSHAONIANFALV ZHISHI

以大欺小

　　青少年阶段是身心发展的重要阶段，是形成正确的人生观和价值观的关键时期。青少年的健康成长与家庭幸福、社会稳定息息相关，预防青少年违法和犯罪更是一个不容忽视的社会问题。近年来，青少年作为一个特殊的违法犯罪群体越来越受到社会各界的关注，预防和制止青少年违法犯罪，挽救失足青少年，是家庭和社会必须关注的重要问题。

第一节　遵守治安管理和抵制不良行为

■ 一、服从治安管理规定

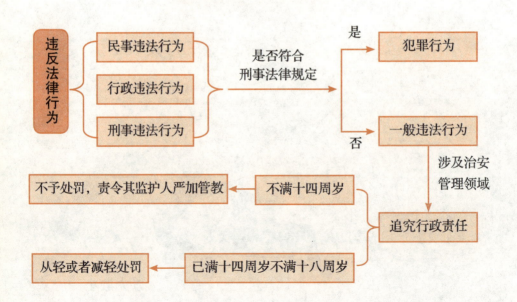

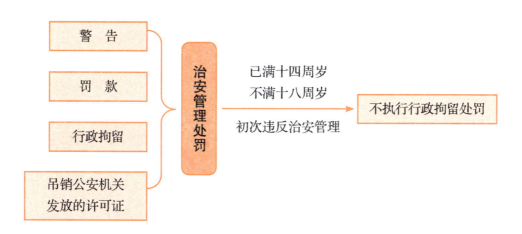

　　治安管理是行政机关按照法律的规定，维护社会治安秩序，保障公共安全，保护公民、法人和其他组织的合法权益的行政管理方式。扰乱公共秩序，妨害公共安全，侵犯人身权利、财产权利，妨害社会管理，具有社会危害性，尚不够刑事处罚的，由公安机关依照《治安管理处罚法》给予治安管理处罚。

　　青少年应该明确，并不是所有的触犯法律行为都是犯罪行为。违反法律行为，是指违背法律的规定，有过错的对社会造成一定危害的行为，包括各类违法行为，比如民事违法行为、行政违法行为、刑事违法行为。犯罪行为，是最严重的一类违法行为，如果违法行为造成的社会危害后果严重，符合刑事法律规定的，才能够被定性为犯罪行为。因此，对于某些违法行为，在没有构成犯罪时，被认为一般违法行为，涉及治安管理领域，则使用《治安管理处罚法》，追究行政责任。

　　根据法律规定，部分青少年违反社会治安管理的也要承担相应的责任。法律规定，已满十四周岁不满十八周岁的人违反治安管理的，从轻或者减轻处罚；不满十四周岁的人违反治安管理的，不予处罚，但是应当责令其监护人严加管教。因此，对于年满十四周岁的青少年，在违反法律的情况下，同样要受到治安管理处罚。

治安管理处罚的种类分为：（1）警告；（2）罚款；（3）行政拘留；（4）吊销公安机关发放的许可证。对于已满十四周岁不满十六周岁的或已满十六周岁不满十八周岁，初次违反治安管理的青少年，依照法律应当给予行政拘留处罚的，不执行行政拘留处罚。

可以看出，《治安管理处罚法》，对于未满十八周岁的青少年，作出了较宽松的规定。但是，作为一国公民，社会秩序也需要青少年群体来维护。安全、稳定、和谐的社会环境对青少年的成长有很大促进作用，因此，青少年应该严格遵守法律规范，自觉维护社会秩序。

■ 二、预防青少年不良行为

青少年做出违法行为甚至犯罪行为，很多都不是偶然事件，大多数青少年都是遵循着从劣迹到违法再到犯罪的过程。及时发现和遏制青少年的不良行为，能够有效地预防青少年犯罪，矫正这些青少年的不良行为习惯，使他们重新走回健康的成长轨道。

1. 不良行为的预防

《预防未成年人犯罪法》规定，未成年人不得有下列不良行为：（1）旷课、夜不归宿；（2）携带管制刀具；（3）打架斗殴、辱骂他人；（4）强行向他人索要财物；（5）偷窃、故意毁坏财物；（6）参与赌博或者变相赌博；（7）观看、收听色情、淫秽的音像制品、读物等；（8）进入法律、法规规定未成年人不适宜进入的营业性歌舞厅等场所；（9）其他严重违背社会公德的不良行为。未成年人的父母或者其他监护人和学校应当教育出现不良行为的青少年，及时制止这些不良行为的出现。

为避免对青少年造成影响，青少年的父母和学校以及社会应该采取必要的手段和措施。比如，应当教育未成年人不得吸烟、酗酒；出现旷课的，学校应当及时与其父母或者其他监护人取得联系；不得让不满十六周岁的未成年人脱离监护单独居住；学校对有不良行为的未成年人应当加强教育、管理，不得歧视；教育行政部门、学校应当举办各种形式的讲座、座谈、培训等活动，针对未成年人不同时期的生理、心理特点，介绍良好有效的教育方法，指导教师、未成年人的父母和其他监护人有效地防止、矫正未成年人的不良行为。

另外法律规定，禁止在中小学校附近开办营业性歌舞厅、营业性电子游戏场所以及其他未成年人不适宜进入的场所；以未成年为对象的出版物，不得含有诱发未成年人违法犯罪的内容，不得含有渲染暴力、色情、赌博、恐怖活动等危害未成年人身心健康的内容；营业性歌舞厅以及其他未成年人不适宜进入的场所、应当设置明显的未成年人禁止进入标志，不得允许未成年人进入。

2、严重不良行为的矫正

《预防未成年人犯罪法》规定，未成年的"严重不良行为"，是指下列严重危害社会，尚不够刑事处罚的违法行为：（1）纠集他人结伙滋事，扰乱治安；（2）携带管制刀具，屡教不改；（3）多次拦截殴打他人或者强行索要他人财物；（4）传播淫秽的读物或者音像制品等；（5）进行淫乱或者色情、卖淫活动；（6）多次偷窃；（7）参与赌博，屡教不改；（8）吸食、注射毒品；（9）其他严重危害社会的行为。

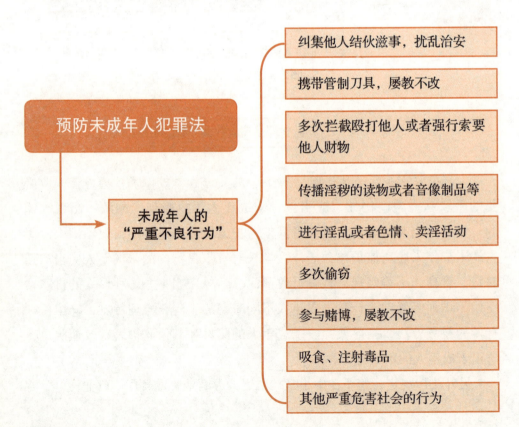

对未成年人实施本法规定的严重不良行为的，应当及时予以制止，其父母或者其他监护人和学校应当相互配合，采取措施严加管教，也可以送工读学校进行矫治和接受教育。通过严格的政府管理教育，可以使青少年摒弃错误观念，形成正确的人生观和价值观，养成良好的道德，做对社会有益的人。

 典型案例 ··

<h3 align="center">青少年不良行为应得到矫正</h3>

　　张某，男，13岁，初一年级学生。据学校观察，易冲动，有暴力倾向，抽烟、喝酒、上网吧，同学很怕他，平时同学们都不愿与他交往。上课要么睡觉，要么找前后左右的同学说话，若同学不搭理他，便张口破骂；老师若有批评，他还不服气，双眼瞪着老师，很是不服；常常抄袭作业，经常不完成家庭作业，说谎话是他的"家常便饭"；偶尔还偷偷拿别人东西。

 案例评析 ··

　　青少年发生不良行为往往是犯罪行为的前兆。当发现青少年有严重的不良行为时，应该及时地进行纠正和教化，以免导致更严重的犯罪行为发生。一方面，家长、学校和社会不应该对这些青少年进行歧视和疏离，应该采取有效的方法及时纠正，要多采用褒扬的教育方法，不要过多批评，激化青少年走向歧途；另一方面，青少年在发生不良行为时，要虚心接受批评，努力改正，平心静气，早日克服不良的行为习惯，走向正轨。

第二节　青少年刑法犯罪的基本概念

刑法是社会秩序调控的最基本手段，是一种社会治理的方法。触犯刑法，即会被认定为犯罪行为，要受到刑事制裁。

■ 一、刑事责任能力理论

刑事责任能力，是指行为人构成犯罪和承担刑事任所必须具备刑法意义上辨认和控制自己行为的能力。辨认能力是指一个人对自己行为的性质、意义和后果的认识能力。控制能力是指一个人按照自己的意志支配自己行为的能力。对于自然人公民来说，只要达到一定的年龄，生理和智力发育正常，就具有了相应的辨认和控制自己行为的能力，从而具有刑事责任能力，因此对于自然人的行为能力主要通过对年龄和智力的因素加以考量。我国自然人的刑事责任能力分为完全刑事责任能力、限制刑事责任能力和完全无刑事责任能力。

刑事责任能力

刑事责任能力	完全刑事责任能力	←	已满十六周岁不满十八周岁
	限制刑事责任能力	←	已满十四周岁不满十六周岁
	完全无刑事责任能力	←	不满十四周岁

救"酒"孩子

　　对于青少年而言，其刑事责任能力要区别对待；已满十六周岁不满十八周岁的人犯罪，具有完全刑事责任能力，应当负刑事责任；已满十四周岁不满十六周岁的人，属于限制刑事责任能力人，只有犯故意杀人、故意伤害致人重伤或者死亡、强奸、抢劫、贩卖毒品、放火、爆炸、投放危险物质罪的，应当负刑事责任；不满十四周岁，不具有刑事责任能力，其行为不认定为犯罪，不受刑事处罚。

　　对于年满十四周岁不满十八周岁的青少年而言，由于其未成年，无论是具有完全刑事责任能力还是限制刑事责任能力，都应当从轻或者减轻处罚；不满十八周岁的未成年人犯罪，不适用死刑；因不满十六周岁不予刑事处罚的，责令他的家长或者监护人加以管教；在必要的时候，也可以由政府收容教养。

■ 二、常见青少年暴力犯罪的类型

1. 故意杀人罪。主观上故意的非法剥夺他人的生命，成立故意杀人罪。处死刑、无期徒刑或者十年以上有期徒刑；情节较轻的，处三年以上十年以下有期徒刑。

常见青少年暴力犯罪的类型

- 故意杀人罪
- 抢劫罪
- 故意伤害罪
- 盗窃罪
- 强奸罪
- 放火罪、爆炸罪、投放危险物质罪、以危险方法危害公共安全罪
- 走私、贩卖、运输、制造毒品罪

常见青少年暴力犯罪

2、故意伤害罪。故意伤害他人身体的，处三年以下有期徒刑、拘役或者管制。犯前款罪致人重伤的，处三年以上十年以下有期徒刑；致人死亡或者以特别残忍手段致人重伤造成严重残疾的，处十年以上有期徒刑、无期徒刑或者死刑。

3、强奸罪。以暴力、胁迫或者其他手段强奸妇女的，处三年以上十年以下有期徒刑。奸淫不满十四周岁的幼女的，以强奸论，从重处罚。

4、抢劫罪。以暴力、胁迫或者其他方法抢劫公私财物的，处三年以上有期徒刑、无期徒刑或死刑。

5、盗窃罪。盗窃公私财物，数额较大的，或者多次盗窃、入户盗窃、携带凶器盗窃、扒窃的，处三年以下有期徒刑、拘役或者管制，并处或者单处罚金。

6、走私、贩卖、运输、制造毒品罪。走私、贩卖、运输、制造毒品，无论数量多少，都应当追究刑事责任，根据行为恶性程度不同，判处三年以上有期徒刑、无期徒刑或死刑。

7、放火罪、爆炸罪、投放危险物质罪、以危险方法危害公共安全罪。放火、爆炸以及投放毒害性、放射性、传染病病原体等物质或者以其他危险方法危害公共安全，尚未造成严重后果的，根据情节恶性程度，判处三年以上有期徒刑、无期徒刑或死刑。

 典型案例

珍爱生命　远离毒品

被告人郭某甲（时年17岁）经被告人郭某乙（时年17岁，系某中专在读生）介绍，一同乘车至福建省惠安县一KTV附近。郭某甲以500元的价格向他人购买1包重约16克的氯胺酮（俗称"K粉"），并与郭某乙一同带至泉州市泉港区。途中，郭某甲从购买的氯胺酮中取出一小部分供郭某乙吸食。后郭某甲将氯胺酮分成80小包，并将其中的50小包分别售卖，共得人民币900元。后二人被公安机关抓获，公安机关在他们乘坐的轿车上扣押氯胺酮11包（共2.16克）及人民币187元。法院审理认为二人购买并共同运输氯胺酮16克，已构成贩卖、运输毒品罪，系共同犯罪，且郭某甲的行为属情节严重。郭某甲、郭某乙犯罪时已满十六周岁未满十八周岁，依法应当从轻或减轻处罚。依照刑法有关规定，判决被告人郭某甲犯贩卖、运输毒品罪，判处有期徒刑一年六个月，缓刑二年，并处罚金人民币一千元。被告人郭某乙犯贩卖、运输毒品罪，判处有期徒刑七个月，缓刑一年，并处罚金人民币五百元。

 案例评析

　　本案是一起未成年在校居期介绍贩毒者购买并共同运输毒品的案例。青少年过早地接触社会，交友不慎误食毒品，从而染上毒品；又由于缺乏毒资，只能铤而走险，想方设法地获取金钱，最终走向犯罪。吸毒是迈向地狱深渊的初始，它使青少年精神萎靡、心理变态，身心受到损害，不仅妨碍学习成长，还会导致道德堕落，最终走上歧途。青少年要远离毒品，善于识别，谨慎交友，树立防毒意识，坚决不沾染任何毒品，增强自我保护意识，学会自我保护。珍爱生命，就必须远离毒品，青少年朋友切莫再误入歧途。

第三节　青少年的司法保护

青少年的司法保护

公安机关

人民
法院

人民
检察院

监狱、少年
犯管教所

→ 对未成年人实施专门的保护

青少年的司法保护，是指公安机关、人民检察院、人民法院以及监狱、少年犯管教所等机关，依法履行职责，对未成年人实施的专门保护活动。青少年身心发育不成熟，在各种不良环境的影响下，容易走上犯罪道路。因此，对待青少年犯罪，应该宽容，要给以青少年改过自新的机会。

一、公安机关对青少年的司法保护

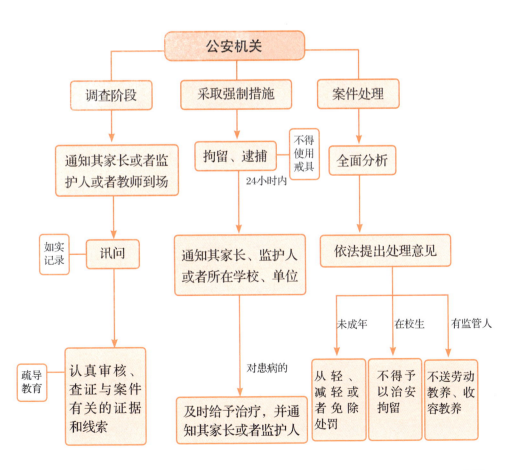

公安机关应当设置专门机构或者专职人员承办未成年人违法犯罪案件。办理未成年人违法犯罪案件的人员应当具有心理学、犯罪学、教育学等专业基本知识和有关法律知识，并具有一定的办案经验。办理未成年人违法犯罪案件，应当保护未成年人的名誉，不得公开披露涉案未成年人的姓名、住所和影像。

1. 在调查阶段，公安机关应该做到：对违法犯罪未成年人的讯问应当采取不同于成年人的方式；除有碍侦查或者无法通知的情形外，应当通知其家长或者监护人或者教师到场；办理未成年人违法犯罪案件，不得少于两人；讯问应当如实记录；讯问违法犯罪的未成年人时，应当耐心细致地听取其陈述或者辩解，认真审核、查证与案件有关的证据和线索，并针对其思想顾虑、畏惧心理、抵触情绪进行疏导和教育。

2. 公安机关对未成年人采取强制措施，也要给以特殊的司法保护。办理未成年人违法犯罪案件，应当严格限制和尽量减少使用强制措施；拘留、逮捕后，应当在二十四小时内，将拘留、逮捕的原因和羁押的处所，通知其家长、监护人或者所在学校、单位；办理未成年人犯罪案件原则上不得使用戒具；看守所应当充分保障被关押的未成年人与其近亲属通信、会见的权利。对患病的应当及时给予治疗，并通知其家长或者监护人。

3. 在青少年违法案件处理上，应当对案情进行全面的分析，充分考虑未成年人的特点，从有利于教育、挽救未成年被告人出发，依法提出处理意见，对违法犯罪未成年人的处理，应当比照成年人违法犯罪从轻、减轻或者免除处罚；对违反治安管理的未成年人，应当尽量避免使用治安拘留处罚；对在校学生，一般不得予以治安拘留；未成年人违法犯罪需要送劳动教养、收容教养的，应当从严控制，凡是可以由其家长负责管教的，一律不送。

■ 二、检查机关对青少年的司法保护

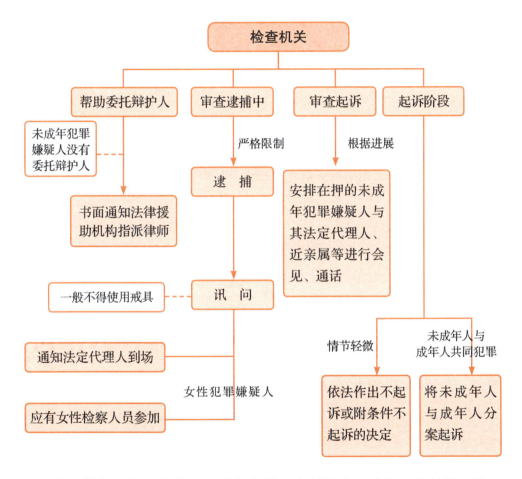

检查机关对青少年的司法保护

检查机关

帮助委托辩护人　审查逮捕中　审查起诉　起诉阶段

未成年犯罪嫌疑人没有委托辩护人

严格限制　根据进展

逮　捕

书面通知法律援助机构指派律师

安排在押的未成年犯罪嫌疑人与其法定代理人、近亲属等进行会见、通话

一般不得使用戒具

讯　问

通知法定代理人到场

情节轻微　未成年人与成年人共同犯罪

女性犯罪嫌疑人

应有女性检察人员参加

依法作出不起诉或附条件不起诉的决定

将未成年人与成年人分案起诉

　　人民检察院办理未成年人刑事案件，实行教育、感化、挽救的方针，坚持教育为主、惩罚为辅和特殊保护的原则。在严格遵守法律规定的前提下，按照最有利于未成年人和适合未成年人身心特点的方式进行，充分保障未成年人合法权益。

1. 帮助委托辩护人。未成年犯罪嫌疑人没有委托辩护人的，人民检察院应当书面通知法律援助机构指派律师为其提供辩护。

2. 在审查逮捕中，人民检察院办理未成年犯罪嫌疑人审查逮捕案件，应当根据未成年犯罪嫌疑人涉嫌犯罪的事实、主观恶性、有无监护与社会帮教条件等，综合衡量其社会危险性，严格限制适用逮捕措施，可捕可不捕的不捕；讯问未成年犯罪嫌疑人，应当通知其法定代理人到场，告知法定代理人依法享有的诉讼权利和应当履行的义务；讯问女性未成年犯罪嫌疑人，应当有女性检察人员参加；讯问未成年犯罪嫌疑人一般不得使用戒具。对于确有人身危险性，必须使用戒具的，在现实危险消除后，应当立即停止使用。

3. 在审查起诉阶段，检察人员可以根据案件进展情况，安排在押的未成年犯罪嫌疑人与其法定代理人、近亲属等进行会见、通话。

4. 在起诉阶段，检察机关对于犯罪情节轻微，依照刑法规定不需要判处刑罚或者免除刑罚的未成年犯罪嫌疑人，一般应当依法作出不起诉或附条件不起诉的决定。

5. 在起诉阶段，人民检察院审查未成年人与成年人共同犯罪案件，一般应当将未成年人与成年人分案起诉；公诉人一般不提请未成年证人、被害人出庭作证。确有必要出庭作证的，应当建议人民法院采取相应的保护措施。

■ 三、法院对青少年的司法保护

1. 少年法庭。人民法院审判未成年人犯罪的刑事案件，应当由熟悉未成年人身心特点的审判员或者审判员和人民陪审员依法组成少年法庭进行。

2. 不公开审理。对于审判的时候被告人不满十八周岁的刑事案件，不公开审理。

3. 累犯的特殊规定。未成年人在不满十八周岁犯罪的，不构成累犯的条件。

4. 对未成年人从轻、减轻或者免除处罚。未成年人犯罪只有罪行极其严重的，才可以适用无期徒刑；对已满十四周岁不满十六周岁的未成年人犯罪一般不判处无期徒刑；对适用缓刑确实不致再危害社会的，应当宣告缓刑；对未成年罪犯的减刑、假释，在掌握标准上可以比照成年罪犯依法适度放宽。

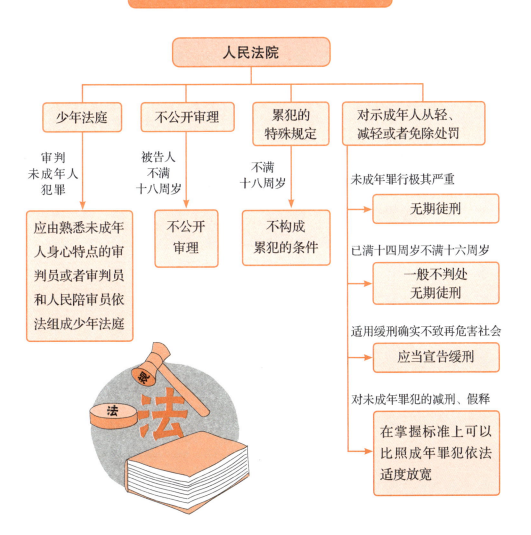

法院对青少年的司法保护

人民法院

| 少年法庭 | 不公开审理 | 累犯的特殊规定 | 对未成年人从轻、减轻或者免除处罚 |

审判未成年人犯罪

被告人不满十八周岁

不满十八周岁

应由熟悉未成年人身心特点的审判员或者审判员和人民陪审员依法组成少年法庭

不公开审理

不构成累犯的条件

未成年罪行极其严重
无期徒刑

已满十四周岁不满十六周岁
一般不判处无期徒刑

适用缓刑确实不致再危害社会
应当宣告缓刑

对未成年罪犯的减刑、假释
在掌握标准上可以比照成年罪犯依法适度放宽

■ **四、监狱、看守所对青少年的司法保护**

监狱对青少年的司法保护

监 狱

以教育改造为主

以学习文化和生产技能为主

配合国家、社会、学校等教育机构，为未成年犯接受义务教育提供必要的条件

看守所对青少年的司法保护

看守所（执行机关）

对未成年人与成年人分别关押、分别管理、分别教育

没有完成义务教育的未成年犯

加强对未成年犯的法制教育

对未成年犯进行职业技术教育

应当保证其继续接受义务教育

监狱对未成年犯执行刑罚应当以教育改造为主。未成年犯的劳动，应当符合未成年人的特点，以学习文化和生产技能为主。监狱应当配合国家、社会、学校等教育机构，为未成年犯接受义务教育提供必要的条件。

　　对被拘留、逮捕和执行刑罚的未成年人与成年人应当分别关押、分别管理、分别教育；未成年犯在被执行刑罚期间，执行机关应当加强对未成年犯的法制教育，对未成年犯进行职业技术教育；对没有完成义务教育的未成年犯，执行机关应当保证其继续接受义务教育。

 典型案例

对未成年犯的教育、感化与挽救

　　某日，尹某某与另三名同学一起，为在毕业离校之前"疯狂"一下，在学校宿舍内，采用拳打脚踢的方式无故殴打同班同学罗某某，造成罗某某腹部外伤，脾脏挫裂伤。鉴于尹某某等四人系在校学生、案发后投案自首、在父母的协助下积极赔偿了被害人罗某某的损失、认罪态度较好、具备有效家庭监管、教育条件等，郫县人民检察院在召开了不公开听证会后决定对尹某某等四人附条件不起诉，考察期6个月。由于尹某某等四人家住外地，不便于附条件不起诉的考察和监督，郫县人民检察院针对本案制定了"互联网+"的考察方式。

　　根据办案人员介绍，办案检察官将互联网的三个平台相结合，实现对四人的实时动态考察。一是利用微信平台，四人定期向考察人员报到，并推送自己所处的位置，以便了解其是否离开所处的县、市；二是利用电话、视频平台，保持与四人的零距离接触，了解四人的生活、思想情况；三是利用微博平台，考察人员发起读书讨论，对四人进行法制教育，让法律意识真正地入脑入心。在考察期限内，四人中有的在学习驾照，有的在学习婚纱摄影，有的在上班工作。通过6个月的帮教考察，四人已经深刻地认识到了自己的错误，感受到了生活的艰辛和不易，体验到了法律的威严和宽容，表示以后要以积极的生活态度来面对生活，主动地向身边人传播"正能量"。监督考察期限届满后，郫县人民检察院对四人作出不起诉决定。

 案例评析

2015年5月，最高人民检察院发布《检察机关加强未成年人司法保护八项措施》，同年12月最高人民检察院未成年人检察工作办公室正式成立。这意味着，未成年人检察工作正式成为了检察业务的一个独立组成部分，也标志着未成年人保护正式成为了检察机关的一项专门职能。检察机关在未成年人保护和犯罪预防工作中肩负着无可替代的重要职责，应当从国家长久稳定、社会未来发展、国家安全的战略高度看待未成年人检察工作；未成年人司法有不同于成年人司法的规律，检察改革应尊重这一规律。本案中，检查机关采取"柔性"的手段，积极发挥自身的惩治及教育作用，及时帮助处于困境中的孩子，给他们重新回归社会的机会，真正起到了改造未成年犯的作用。这种机制必将使我国未成年司法保护的整体水平得到提高，使我国青少年司法制度逐步走向成熟。

法网柔"情"

附　录

最受青少年关注的法律法条

TUJIE
QINGSHAONIANFALV ZHISHI

中华人民共和国未成年人保护法（节选）

中华人民共和国预防未成年人犯罪法（节选）

中华人民共和国义务教育法（节选）

中华人民共和国道路交通安全法（节选）

中华人民共和国国旗法

司法　公正

中华人民共和国未成年人保护法（节选）

第一章　总　则

第二条　本法所称未成年人是指未满十八周岁的公民。

第三条　未成年人享有生存权、发展权、受保护权、参与权等权利，国家根据未成年人身心发展特点给予特殊、优先保护，保障未成年人的合法权益不受侵犯。

未成年人享有受教育权，国家、社会、学校和家庭尊重和保障未成年人的受教育权。

未成年人不分性别、民族、种族、家庭财产状况、宗教信仰等，依法平等地享有权利。

第四条　国家、社会、学校和家庭对未成年人进行理想教育、道德教育、文化教育、纪律和法制教育，进行爱国主义、集体主义和社会主义的教育，提倡爱祖国、爱人民、爱劳动、爱科学、爱社会主义的公德，反对资本主义的、封建主义的和其他的腐朽思想的侵蚀。

第二章　家庭保护

第十条　父母或者其他监护人应当创造良好、和睦的家庭环境，依法履行对未成年人的监护职责和抚养义务。

禁止对未成年人实施家庭暴力，禁止虐待、遗弃未成年人，禁止溺婴和其他残害婴儿的行为，不得歧视女性未成年人或者有残疾的未成年人。

第十二条　父母或者其他监护人应当学习家庭教育知识，正确履行监护职责，抚养教育未成年人。

有关国家机关和社会组织应当为未成年人的父母或者其他监护人提供家庭教育指导。

第十四条　父母或者其他监护人应当根据未成年人的年龄和智力发展状

况，在作出与未成年人权益有关的决定时告知其本人，并听取他们的意见。

第十六条　父母因外出务工或者其他原因不能履行对未成年人监护职责的，应当委托有监护能力的其他成年人代为监护。

第三章　学校保护

第十七条　学校应当全面贯彻国家的教育方针，实施素质教育，提高教育质量，注重培养未成年学生独立思考能力、创新能力和实践能力，促进未成年学生全面发展。

第十九条　学校应当根据未成年学生身心发展的特点，对他们进行社会生活指导、心理健康辅导和青春期教育。

第二十条　学校应当与未成年学生的父母或者其他监护人互相配合，保证未成年学生的睡眠、娱乐和体育锻炼时间，不得加重其学习负担。

第二十一条　学校、幼儿园、托儿所的教职员工应当尊重未成年人的人格尊严，不得对未成年人实施体罚、变相体罚或者其他侮辱人格尊严的行为。

第二十二条　学校、幼儿园、托儿所应当建立安全制度，加强对未成年人的安全教育，采取措施保障未成年人的人身安全。

学校、幼儿园、托儿所不得在危及未成年人人身安全、健康的校舍和其他设施、场所中进行教育教学活动。

学校、幼儿园安排未成年人参加集会、文化娱乐、社会实践等集体活动，应当有利于未成年人的健康成长，防止发生人身安全事故。

第四章　社会保护

第三十四条　禁止任何组织、个人制作或者向未成年人出售、出租或者以其他方式传播淫秽、暴力、凶杀、恐怖、赌博等毒害未成年人的图书、报刊、音像制品、电子出版物以及网络信息等。

第三十五条　生产、销售用于未成年人的食品、药品、玩具、用具和游乐设施等，应当符合国家标准或者行业标准，不得有害于未成年人的安全和健康；需要标明注意事项的，应当在显著位置标明。

第三十六条　中小学校园周边不得设置营业性歌舞娱乐场所、互联网上网服务营业场所等不适宜未成年人活动的场所。

营业性歌舞娱乐场所、互联网上网服务营业场所等不适宜未成年人活动的场所，不得允许未成年人进入，经营者应当在显著位置设置未成年人禁入标志；对难以判明是否已成年的，应当要求其出示身份证件。

第三十七条　禁止向未成年人出售烟酒，经营者应当在显著位置设置不向未成年人出售烟酒的标志；对难以判明是否已成年的，应当要求其出示身份证件。

任何人不得在中小学校、幼儿园、托儿所的教室、寝室、活动室和其他未成年人集中活动的场所吸烟、饮酒。

第三十九条　任何组织或者个人不得披露未成年人的个人隐私。

对未成年人的信件、日记、电子邮件，任何组织或者个人不得隐匿、毁弃；除因追查犯罪的需要，由公安机关或者人民检察院依法进行检查，或者对无行为能力的未成年人的信件、日记、电子邮件由其父母或者其他监护人代为开拆、查阅外，任何组织或者个人不得开拆、查阅。

第四十六条　国家依法保护未成年人的智力成果和荣誉权不受侵犯。

第四十九条　未成年人的合法权益受到侵害的，被侵害人及其监护人或者其他组织和个人有权向有关部门投诉，有关部门应当依法及时处理。

第五章　司法保护

第五十一条　未成年人的合法权益受到侵害，依法向人民法院提起诉讼的，人民法院应当依法及时审理，并适应未成年人生理、心理特点和健康成长的需要，保障未成年人的合法权益。

在司法活动中对需要法律援助或者司法救助的未成年人，法律援助机构或者人民法院应当给予帮助，依法为其提供法律援助或者司法救助。

第五十二条　人民法院审理继承案件，应当依法保护未成年人的继承权和受遗赠权。

人民法院审理离婚案件，涉及未成年子女抚养问题的，应当听取有表达意愿能力的未成年子女的意见，根据保障子女权益的原则和双方具体情况依法处理。

第五十三条 父母或者其他监护人不履行监护职责或者侵害被监护的未成年人的合法权益，经教育不改的，人民法院可以根据有关人员或者有关单位的申请，撤销其监护人的资格，依法另行指定监护人。被撤销监护资格的父母应当依法继续负担抚养费用。

中华人民共和国预防未成年人犯罪法（节选）

第一章 总则

第一条 为了保障未成年人身心健康，培养未成年人良好品行，有效地预防未成年人犯罪，制定本法。

第二条 预防未成年人犯罪，立足于教育和保护，从小抓起，对未成年人的不良行为及时进行预防和矫治。

第二章 预防未成年人犯罪的教育

第六条 对未成年人应当加强思想、道德、法制和爱国主义、集体主义、社会主义教育。对于达到义务教育年龄的未成年人，在进行上述教育的同时，应当进行预防犯罪的教育。

预防未成年人犯罪的教育的目的，是增强未成年人的法制观念，使未成年人懂得违法和犯罪行为对个人、家庭、社会造成的危害，违法和犯罪行为应当承担的法律责任，树立遵纪守法和防范违法犯罪的意识。

第七条 教育行政部门、学校应当将预防犯罪的教育作为法制教育的内容纳入学校教育教学计划，结合常见多发的未成年人犯罪，对不同年龄的未成年人进行有针对性的预防犯罪教育。

第十条 未成年人的父母或者其他监护人对未成年人的法制教育负有直接责任。学校在对学生进行预防犯罪教育时，应当将教育计划告知未成年人的父母或者其他监护人，未成年人的父母或者其他监护人应当结合学校的计划，针对具体情况进行教育。

第十三条　城市居民委员会、农村村民委员会应当积极开展有针对性的预防未成年人犯罪的法制宣传活动。

第三章　对未成年人不良行为的预防

第十四条　未成年人的父母或者其他监护人和学校应当教育未成年人不得有下列不良行为：

（一）旷课、夜不归宿；

（二）携带管制刀具；

（三）打架斗殴、辱骂他人；

（四）强行向他人索要财物；

（五）偷窃、故意毁坏财物；

（六）参与赌博或者变相赌博；

（七）观看、收听色情、淫秽的音像制品、读物等；

（八）进入法律、法规规定未成年人不适宜进入的营业性歌舞厅等场所；

（九）其他严重违背社会公德的不良行为。

第十五条　未成年人的父母或者其他监护人和学校应当教育未成年人不得吸烟、酗酒。任何经营场所不得向未成年人出售烟酒。

第十六条　中小学生旷课的，学校应当及时与其父母或者其他监护人取得联系。

未成年人擅自外出夜不归宿的，其父母或者其他监护人、其所在的寄宿制学校应当及时查找，或者向公安机关请求帮助。收留夜不归宿的未成年人的，应当征得其父母或者其他监护人的同意，或者在二十四小时内及时通知其父母或者其他监护人、所在学校或者及时向公安机关报告。

第十九条　未成年人的父母或者其他监护人，不得让不满十六周岁的未成年人脱离监护单独居住。

第二十条　未成年人的父母或者其他监护人对未成年人不得放任不管，不得迫使其离家出走，放弃监护职责。

未成年人离家出走的，其父母或者其他监护人应当及时查找，或者向公安机关请求帮助。

第四章　对未成年人严重不良行为的矫治

第三十四条　本法所称"严重不良行为"，是指下列严重危害社会，尚不够刑事处罚的违法行为：

（一）纠集他人结伙滋事，扰乱治安；

（二）携带管制刀具，屡教不改；

（三）多次拦截殴打他人或者强行索要他人财物；

（四）传播淫秽的读物或者音像制品等；

（五）进行淫乱或者色情、卖淫活动；

（六）多次偷窃；

（七）参与赌博，屡教不改；

（八）吸食、注射毒品；

（九）其他严重危害社会的行为。

第三十五条　对未成年人实施本法规定的严重不良行为的，应当及时予以制止。

对有本法规定严重不良行为的未成年人，其父母或者其他监护人和学校应当相互配合，采取措施严加管教，也可以送工读学校进行矫治和接受教育。

对未成年人送工读学校进行矫治和接受教育，应当由其父母或者其他监护人，或者原所在学校提出申请，经教育行政部门批准。

第三十七条　未成年人有本法规定严重不良行为，构成违反治安管理行为的，由公安机关依法予以治安处罚。因不满十四周岁或者情节特别轻微免予处罚的，可以予以训诫。

第三十八条　未成年人因不满十六周岁不予刑事处罚的，责令他的父母或者其他监护人严加管教；在必要的时候，也可以由政府依法收容教养。

第五章　未成年人对犯罪的自我防范

第四十条　未成年人应当遵守法律、法规及社会公共道德规范，树立自尊、自律、自强意识，增强辨别是非和自我保护的能力，自觉抵制各种不良行为及违法犯罪行为的引诱和侵害。

第四十一条　被父母或者其他监护人遗弃、虐待的未成年人，有权向公安机关、民政部门、共产主义青年团、妇女联合会、未成年人保护组织或者学校、城市居民委员会、农村村民委员会请求保护。被请求的上述部门和组织都应当接受，根据情况需要采取救助措施的，应当先采取救助措施。

第四十二条　未成年人发现任何人对自己或者对其他未成年人实施本法第三章规定不得实施的行为或者犯罪行为，可以通过所在学校、其父母或者其他监护人向公安机关或者政府有关主管部门报告，也可以自己向上述机关报告。受理报告的机关应当及时依法查处。

第七章　法律责任

第四十九条　未成年人的父母或者其他监护人不履行监护职责，放任未成年人有本法规定的不良行为或者严重不良行为的，由公安机关对未成年人的父母或者其他监护人予以训诫，责令其严加管教。

第五十一条　公安机关的工作人员违反本法第十八条的规定，接到报告后，不及时查处或者采取有效措施，严重不负责任的，予以行政处分；造成严重后果，构成犯罪的，依法追究刑事责任。

中华人民共和国义务教育法（节选）

第一章　总　则

第二条　国家实行九年义务教育制度。

义务教育是国家统一实施的所有适龄儿童、少年必须接受的教育，是国家必须予以保障的公益性事业。

实施义务教育，不收学费、杂费。

国家建立义务教育经费保障机制，保证义务教育制度实施。

第三条　义务教育必须贯彻国家的教育方针，实施素质教育，提高教育质量，使适龄儿童、少年在品德、智力、体质等方面全面发展，为培养有理想、有道德、有文化、有纪律的社会主义建设者和接班人奠定基础。

第四条　凡具有中华人民共和国国籍的适龄儿童、少年，不分性别、民族、种族、家庭财产状况、宗教信仰等，依法享有平等接受义务教育的权利，并履行接受义务教育的义务。

第五条　各级人民政府及其有关部门应当履行本法规定的各项职责，保障适龄儿童、少年接受义务教育的权利。

适龄儿童、少年的父母或者其他法定监护人应当依法保证其按时入学接受并完成义务教育。

依法实施义务教育的学校应当按照规定标准完成教育教学任务，保证教育教学质量。

社会组织和个人应当为适龄儿童、少年接受义务教育创造良好的环境。

第二章　学　生

第十一条　凡年满六周岁的儿童，其父母或者其他法定监护人应当送其入学接受并完成义务教育；条件不具备的地区的儿童，可以推迟到七周岁。

适龄儿童、少年因身体状况需要延缓入学或者休学的，其父母或者其他法定监护人应当提出申请，由当地乡镇人民政府或者县级人民政府教育行政部门批准。

第十二条　适龄儿童、少年免试入学。地方各级人民政府应当保障适龄儿童、少年在户籍所在地学校就近入学。

父母或者其他法定监护人在非户籍所在地工作或者居住的适龄儿童、少年，在其父母或者其他法定监护人工作或者居住地接受义务教育的，当地人民政府应当为其提供平等接受义务教育的条件。具体办法由省、自治区、直辖市规定。

县级人民政府教育行政部门对本行政区域内的军人子女接受义务教育予以保障。

第三章　学　校

第十六条　学校建设，应当符合国家规定的办学标准，适应教育教学需要；应当符合国家规定的选址要求和建设标准，确保学生和教职工安全。

第二十四条　学校应当建立、健全安全制度和应急机制，对学生进行安全教育，加强管理，及时消除隐患，预防发生事故。

县级以上地方人民政府定期对学校校舍安全进行检查；对需要维修、改造的，及时予以维修、改造。

学校不得聘用曾经因故意犯罪被依法剥夺政治权利或者其他不适合从事义务教育工作的人担任工作人员。

第二十五条　学校不得违反国家规定收取费用，不得以向学生推销或者变相推销商品、服务等方式谋取利益。

第二十七条　对违反学校管理制度的学生，学校应当予以批评教育，不得开除。

第四章　教　师

第二十八条　教师享有法律规定的权利，履行法律规定的义务，应当为人师表，忠诚于人民的教育事业。

全社会应当尊重教师。

第二十九条　教师在教育教学中应当平等对待学生，关注学生的个体差异，因材施教，促进学生的充分发展。

教师应当尊重学生的人格，不得歧视学生，不得对学生实施体罚、变相体罚或者其他侮辱人格尊严的行为，不得侵犯学生合法权益。

第五章　教育教学

第三十四条　教育教学工作应当符合教育规律和学生身心发展特点，面向全体学生，教书育人，将德育、智育、体育、美育等有机统一在教育教学活动中，注重培养学生独立思考能力、创新能力和实践能力，促进学生全面发展。

第三十六条　学校应当把德育放在首位，寓德育于教育教学之中，开展与学生年龄相适应的社会实践活动，形成学校、家庭、社会相互配合的思想道德教育体系，促进学生养成良好的思想品德和行为习惯。

第三十七条　学校应当保证学生的课外活动时间，组织开展文化娱乐等课外活动。社会公共文化体育设施应当为学校开展课外活动提供便利。

第七章　法律责任

第五十五条　学校或者教师在义务教育工作中违反教育法、教师法规定的，依照教育法、教师法的有关规定处罚。

第五十六条　学校违反国家规定收取费用的，由县级人民政府教育行政部门责令退还所收费用；对直接负责的主管人员和其他直接责任人员依法给予处分。

学校以向学生推销或者变相推销商品、服务等方式谋取利益的，由县级人民政府教育行政部门给予通报批评；有违法所得的，没收违法所得；对直接负责的主管人员和其他直接责任人员依法给予处分。

国家机关工作人员和教科书审查人员参与或者变相参与教科书编写的，由县级以上人民政府或者其教育行政部门根据职责权限责令限期改正，依法给予行政处分；有违法所得的，没收违法所得。

第五十七条　学校有下列情形之一的，由县级人民政府教育行政部门责令限期改正；情节严重的，对直接负责的主管人员和其他直接责任人员依法给予处分：

（一）拒绝接收具有接受普通教育能力的残疾适龄儿童、少年随班就读的；

（二）分设重点班和非重点班的；

（三）违反本法规定开除学生的；

（四）选用未经审定的教科书的。

第五十八条　适龄儿童、少年的父母或者其他法定监护人无正当理由未依照本法规定送适龄儿童、少年入学接受义务教育的，由当地乡镇人民政府或者县级人民政府教育行政部门给予批评教育，责令限期改正。

第五十九条　有下列情形之一的，依照有关法律、行政法规的规定予以处罚：

（一）胁迫或者诱骗应当接受义务教育的适龄儿童、少年失学、辍学的；

（二）非法招用应当接受义务教育的适龄儿童、少年的；

（三）出版未经依法审定的教科书的。

中华人民共和国道路交通安全法（节选）

第一章 总 则

第一条 为了维护道路交通秩序，预防和减少交通事故，保护人身安全，保护公民、法人和其他组织的财产安全及其他合法权益，提高通行效率，制定本法。

第二条 中华人民共和国境内的车辆驾驶人、行人、乘车人以及与道路交通活动有关的单位和个人，都应当遵守本法。

第六条 各级人民政府应当经常进行道路交通安全教育，提高公民的道路交通安全意识。

公安机关交通管理部门及其交通警察执行职务时，应当加强道路交通安全法律、法规的宣传，并模范遵守道路交通安全法律、法规。

机关、部队、企业事业单位、社会团体以及其他组织，应当对本单位的人员进行道路交通安全教育。

教育行政部门、学校应当将道路交通安全教育纳入法制教育的内容。

新闻、出版、广播、电视等有关单位，有进行道路交通安全教育的义务。

第三章 道路通行条件

第二十六条 交通信号灯由红灯、绿灯、黄灯组成。红灯表示禁止通行，绿灯表示准许通行，黄灯表示警示。

第二十七条 铁路与道路平面交叉的道口，应当设置警示灯、警示标志或者安全防护设施。无人看守的铁路道口，应当在距道口一定距离处设置警示标志。

第三十四条 学校、幼儿园、医院、养老院门前的道路没有行人过街设施的，应当施划人行横道线，设置提示标志。

城市主要道路的人行道，应当按照规划设置盲道。盲道的设置应当符合国家标准。

第四章　道路通行规定

第一节　一般规定

第三十五条　机动车、非机动车实行右侧通行。

第三十六条　根据道路条件和通行需要，道路划分为机动车道、非机动车道和人行道的，机动车、非机动车、行人实行分道通行。没有划分机动车道、非机动车道和人行道的，机动车在道路中间通行，非机动车和行人在道路两侧通行。

第三十七条　道路划设专用车道的，在专用车道内，只准许规定的车辆通行，其他车辆不得进入专用车道内行驶。

第三十八条　车辆、行人应当按照交通信号通行；遇有交通警察现场指挥时，应当按照交通警察的指挥通行；在没有交通信号的道路上，应当在确保安全、畅通的原则下通行。

第三节　非机动车通行规定

第五十七条　驾驶非机动车在道路上行驶应当遵守有关交通安全的规定。非机动车应当在非机动车道内行驶；在没有非机动车道的道路上，应当靠车行道的右侧行驶。

第五十九条　非机动车应当在规定地点停放。未设停放地点的，非机动车停放不得妨碍其他车辆和行人通行。

第四节　行人和乘车人通行规定

第六十一条　行人应当在人行道内行走，没有人行道的靠路边行走。

第六十二条　行人通过路口或者横过道路，应当走人行横道或者过街设施；通过有交通信号灯的人行横道，应当按照交通信号灯指示通行；通过没有交通信号灯、人行横道的路口，或者在没有过街设施的路段横过道路，应当在确认安全后通过。

第六十三条　行人不得跨越、倚坐道路隔离设施，不得扒车、强行拦车或者实施妨碍道路交通安全的其他行为。

第六十四条　学龄前儿童以及不能辨认或者不能控制自己行为的精神疾病患者、智力障碍者在道路上通行，应当由其监护人、监护人委托的人或者对其负有管理、保护职责的人带领。

盲人在道路上通行，应当使用盲杖或者采取其他导盲手段，车辆应当避让盲人。

第六十五条 行人通过铁路道口时，应当按照交通信号或者管理人员的指挥通行；没有交通信号和管理人员的，应当在确认无火车驶临后，迅速通过。

第六十六条 乘车人不得携带易燃易爆等危险物品，不得向车外抛洒物品，不得有影响驾驶人安全驾驶的行为。

第五节　高速公路的特别规定

第六十七条 行人、非机动车、拖拉机、轮式专用机械车、铰接式客车、全挂拖斗车以及其他设计最高时速低于七十公里的机动车，不得进入高速公路。高速公路限速标志标明的最高时速不得超过一百二十公里。

第五章　交通事故处理

第七十六条 机动车发生交通事故造成人身伤亡、财产损失的，由保险公司在机动车第三者责任强制保险责任限额范围内予以赔偿；不足的部分，按照下列规定承担赔偿责任：

（一）机动车之间发生交通事故的，由有过错的一方承担赔偿责任；双方都有过错的，按照各自过错的比例分担责任。

（二）机动车与非机动车驾驶人、行人之间发生交通事故，非机动车驾驶人、行人没有过错的，由机动车一方承担赔偿责任；有证据证明非机动车驾驶人、行人有过错的，根据过错程度适当减轻机动车一方的赔偿责任；机动车一方没有过错的，承担不超过百分之十的赔偿责任。

交通事故的损失是由非机动车驾驶人、行人故意碰撞机动车造成的，机动车一方不承担赔偿责任。

第七章　法律责任

第八十九条 行人、乘车人、非机动车驾驶人违反道路交通安全法律、法规关于道路通行规定的，处警告或者五元以上五十元以下罚款；非机动车驾驶人拒绝接受罚款处罚的，可以扣留其非机动车。

第一百零七条　对道路交通违法行为人予以警告、二百元以下罚款，交通警察可以当场作出行政处罚决定，并出具行政处罚决定书。

行政处罚决定书应当载明当事人的违法事实、行政处罚的依据、处罚内容、时间、地点以及处罚机关名称，并由执法人员签名或者盖章。

第一百零八条　当事人应当自收到罚款的行政处罚决定书之日起十五日内，到指定的银行缴纳罚款。

对行人、乘车人和非机动车驾驶人的罚款，当事人无异议的，可以当场予以收缴罚款。

罚款应当开具省、自治区、直辖市财政部门统一制发的罚款收据；不出具财政部门统一制发的罚款收据的，当事人有权拒绝缴纳罚款。

中华人民共和国国旗法

第一条　为了维护国旗的尊严，增强公民的国家观念，发扬爱国主义精神，根据宪法，制定本法。

第二条　中华人民共和国国旗是五星红旗。

中华人民共和国国旗按照中国人民政治协商会议第一届全体会议主席团公布的国旗制法说明制作。

第三条　中华人民共和国国旗是中华人民共和国的象征和标志。

每个公民和组织，都应当尊重和爱护国旗。

第四条　地方各级人民政府对本行政区域内国旗的升挂和使用，实施监督管理。

外交部、国务院交通主管部门、中国人民解放军总政治部对各自管辖范围内国旗的升挂和使用，实施监督管理。

国旗由省、自治区、直辖市的人民政府指定的企业制作。

第五条　下列场所或者机构所在地，应当每日升挂国旗：

（一）北京天安门广场、新华门；

（二）全国人民代表大会常务委员会，国务院，中央军事委员会，最高人民法院，最高人民检察院；

中国人民政治协商会议全国委员会；

（三）外交部；

（四）出境入境的机场、港口、火车站和其他边境口岸，边防海防哨所。

第六条 国务院各部门，地方各级人民代表大会常务委员会、人民政府、人民法院、人民检察院，中国人民政治协商会议地方各级委员会，应当在工作日升挂国旗。

全日制学校，除寒假、暑假和星期日外，应当每日升挂国旗。

第七条 国庆节、国际劳动节、元旦和春节，各级国家机关和各人民团体应当升挂国旗；企业事业组织，村民委员会、居民委员会，城镇居民院（楼）以及广场、公园等公共活动场所，有条件的可以升挂国旗。

不以春节为传统节日的少数民族地区，春节是否升挂国旗，由民族自治地方的自治机关规定。

民族自治地方在民族自治地方成立纪念日和主要传统民族节日，可以升挂国旗。

第八条 举行重大庆祝、纪念活动，大型文化、体育活动，大型展览会，可以升挂国旗。

第九条 外交活动以及国家驻外使馆领馆和其他外交代表机构升挂、使用国旗的办法，由外交部规定。

第十条 军事机关、军队营区、军用舰船，按照中央军事委员会的有关规定升挂国旗。

第十一条 民用船舶和进入中国领水的外国船舶升挂国旗的办法，由国务院交通主管部门规定。

公安部门执行边防、治安、消防任务的船舶升挂国旗的办法，由国务院公安部门规定。

第十二条 依照本法第五条、第六条、第七条的规定升挂国旗的，应当早晨升起，傍晚降下。

依照本法规定应当升挂国旗的，遇有恶劣天气，可以不升挂。

第十三条 升挂国旗时，可以举行升旗仪式。

举行升旗仪式时，在国旗升起的过程中，参加者应当面向国旗肃立致敬，并可以奏国歌或者唱国歌。

全日制中学小学，除假期外，每周举行一次升旗仪式。

第十四条 下列人士逝世，下半旗志哀：

（一）中华人民共和国主席、全国人民代表大会常务委员会委员长、国务院总理、中央军事委员会主席；

（二）中国人民政治协商会议全国委员会主席；

（三）对中华人民共和国作出杰出贡献的人；

（四）对世界和平或者人类进步事业作出杰出贡献的人。

发生特别重大伤亡的不幸事件或者严重自然灾害造成重大伤亡时，可以下半旗志哀。

依照本条第一款（三）、（四）项和第二款的规定下半旗，由国务院决定。

依照本条规定下半旗的日期和场所，由国家成立的治丧机构或者国务院决定。

第十五条 升挂国旗，应当将国旗置于显著的位置。

列队举持国旗和其他旗帜行进时，国旗应当在其他旗帜之前。

国旗与其他旗帜同时升挂时，应当将国旗置于中心、较高或者突出的位置。

在外事活动中同时升挂两个以上国家的国旗时，应当按照外交部的规定或者国际惯例升挂。

第十六条 在直立的旗杆上升降国旗，应当徐徐升降。升起时，必须将国旗升至杆顶；降下时，不得使国旗落地。

下半旗时，应当先将国旗升至杆顶，然后降至旗顶与杆顶之间的距离为旗杆全长的三分之一处；降下时，应当先将国旗升至杆顶，然后再降下。

第十七条 不得升挂破损、污损、褪色或者不合规格的国旗。

第十八条 国旗及其图案不得用作商标和广告，不得用于私人丧事活动。

第十九条 在公共场合故意以焚烧、毁损、涂划、玷污、践踏等方式侮辱中华人民共和国国旗的，依法追究刑事责任；情节较轻的，参照治安管理处罚条例的处罚规定，由公安机关处以十五日以下拘留。

第二十条 本法自1990年10月1日起施行。